本书受国家社科基金项目（15BGL018）资助出版

创新型成本领先战略及其在中国制造企业的演化路径研究

郑兵云 李 邃 著

中国财经出版传媒集团
经济科学出版社
Economic Science Press

图书在版编目（CIP）数据

创新型成本领先战略及其在中国制造企业的演化路径研究/郑兵云，李邃著. -- 北京：经济科学出版社，2021.11

ISBN 978-7-5218-3060-6

Ⅰ.①创… Ⅱ.①郑…②李… Ⅲ.①企业管理-成本管理-影响-制造工业-企业升级-技术革新-研究-中国 Ⅳ.①F426.4

中国版本图书馆CIP数据核字（2021）第240271号

责任编辑：黄双蓉
责任校对：徐 昕
责任印制：邱 天

创新型成本领先战略及其在中国制造企业的演化路径研究

郑兵云 李 邃 著

经济科学出版社出版、发行 新华书店经销
社址：北京市海淀区阜成路甲28号 邮编：100142
总编部电话：010-88191217 发行部电话：010-88191522
网址：www.esp.com.cn
电子邮箱：esp@esp.com.cn
天猫网店：经济科学出版社旗舰店
网址：http://jjkxcbs.tmall.com
固安华明印业有限公司印装
710×1000 16开 7.75印张 130000字
2021年11月第1版 2021年11月第1次印刷
ISBN 978-7-5218-3060-6 定价：39.00元
（图书出现印装问题，本社负责调换。电话：010-88191510）
（版权所有 侵权必究 打击盗版 举报热线：010-88191661
QQ：2242791300 营销中心电话：010-88191537
电子邮箱：dbts@esp.com.cn）

前　　言

近年来，我国制造业的成本优势在国际竞争中受到威胁，以低价资源获取为优势的传统本成领先战略已经不能适应国内、国际新形势的要求，竞争优势逐渐消失并在一定程度上阻碍了经济发展方式的转变。如何从传统成本优势转向新成本优势，是我国多数制造企业亟待思考和解决的问题。因此，我国制造企业迫切需要寻求新的成本领先竞争战略。消除我国"低成本悖论"的困惑，在实践上极为重要，其中的关键在于立足我国国情提出新假设，发现新规律，超越对于成本领先战略的通常理解的思维定式，而做到这一点需要在理论上创新。理论界大部分学者发现低成本生产要素获取和高效率获取是成本领先战略的主要驱动因素，在此过程中也有创新的存在，但创新未能成为成本优势的主要驱动因素。然而我国的企业实践在理论上提示了一种崭新模式存在：创新型成本领先战略模式，这给我国成本领先企业的发展和升级提供了一个新的思路。但相关理论方面的研究匮乏，成本领先战略在我国的实践应用中需要在理论上加以创新。

本书以此为背景，提出创新型成本领先战略的概念和特征，论证创新型成本领先战略模式的合理性，建立创新型成本领先战略的识别方法系统，分析要素驱动型成本领先战略向创新型成本领先战略演化的路径和机制。本书的研究对于推动成本领先战略管理理论的进一步发展具有重要的理论意义，为我国制造企业实施创新型成本领先战略的实践提供具体的借鉴和指导。

本书的研究内容与成果如下。

1. 概论

本部分讨论本书的选题背景和意义，对国内国外关于成本领先战略驱动因素、成本领先战略与创新的关系、竞争战略的演化博弈等相关研究进行梳理，提出研究思路和技术路线。

2. 创新型成本领先战略

本部分通过梳理文献和企业实践活动，提出成本领先战略基于驱动因素可以划分为三种类型：资源驱动型、效率驱动型和创新驱动型成本领先战略。其中，创新型成本领先战略是以创新作为关键驱动因素，在新的多变产业环境下通过创新实现可持续低成本，既能够不断向产业高端演化，又能够保持相对低成本优势的竞争战略。创新型成本领先战略模式是在国际新形势下，成本领先战略既要保持低成本优势，又要不断创新巩固低成本优势，并实现低端到高端新业务范畴的演化，是成本领先战略的可持续发展新模式。

3. 创新型成本领先战略竞争优势的形成机制

本部分从直接和间接两个视角分析创新对成本优势的影响机制，阐明竞争优势形成原理。创新能给企业带来直接的成本优势，流程创新、管理创新、技术创新可以带来高效率，还可优化产品降低单位产品成本和未来产品成本的下降趋势，从而形成成本优势。另外，产品成本受企业价值链成本驱动因素的交互影响，这些价值链驱动因素形成特有的进入壁垒，既能降低自身产品成本又能间接提高竞争企业产品单位成本，从而形成长久竞争优势，这是创新给企业带来间接的成本优势。以技术驱动、市场驱动和设计驱动的低成本创新在组织创新协调优化下使得制造业向高端升级，通过创新活动，创新型成本领先战略形成了特有的竞争优势。

4. 创新型成本领先战略的识别

本部分构建创新型成本领先战略的识别体系，并进行实证研究。竞争战略类型识别的数据，可以是问卷调研数据，也可以是公开数据。基于因子分析或聚类分析，可以识别出不同的竞争战略类型。本书基于有效的339份问卷调研数据，识别出成本领先战略企业162家；进一步地，识别出实施（或计划实施）创新型成本领先战略的企业只有29家，比例较小；而实施资源型和效率型成本领先战略企业分别为31家和65家。目前，被调研企业以实施效率型成本领先战略为主。

5. 创新型成本领先战略演化路径的理论模型建构

本部分讨论成本领先战略如何向创新驱动型演化，及演化过程中的具体路径及关键点。资源型成本领先战略的核心能力是资源获取能力，在价值链上表现为低成本要素获取；效率型成本领先战略的核心能力是学习和管理能力，在价值链上表现为管理价值链；创新型成本领先战略的核心能力是创新能力，在价值链上表现为重构价值链。要实现我国低成本制造企业向创新驱动型模式演进发展，就要以创新为驱动力，全面提升传统制造业的产品结构、技术结构、组织结构等。其演化路径可以是资源型—效率型—创新型的渐进演化，也可以是资源型—创新型的跳跃演化。无论哪种演化，都存在特有的突破策略。

6. 创新型成本领先战略演化路径的博弈模型研究

本部分讨论创新型成本领先战略演化路径的3个博弈模型，其均衡解及条件。成本领先战略模式演化的古诺模型中，设定三个企业各自的资源获取能力、效率提升能力、创新能力和各自经过资源驱动、效率驱动、科技创新驱动投资后的成本降低率，可以获得战略演化条件和均衡解。企业在进行低成本创新投入时，合适的时滞对演化稳定产生较少影响，企业可以做出合理决策；而时滞过长，决策者无法对企业的发展做出明确的判断。当企业的资源投入比例小于科技创新投入比例，企业由资源型转向科技创新驱动型战略模式；当企业的效率投入比例小于科技创新投入比例，企业由效率型转向科技创新驱动型战略模式。

7. 创新型成本领先战略演化路径的实证研究

本部分以中集集团和比亚迪公司为例，实证分析创新型成本领先战略的具体演化路径、演化过程中的策略及启示。创新型成本领先战略在我国企业实践中已出现。中集集团通过改革劳动者的分配模式（按劳分配向员工拥有股票认购权模式）、优化企业运行模式（由单体企业转向集团化企业运行模式）等路径，不断驱动创新管理，由效率驱动向创新驱动演化。比亚迪集团依托低成本制造，不断尝试低成本创新。连续流程的创新、应用型的研发，严格而灵活的质量控制、垂直整合，逐步形成规模，逐步冲破技术屏障，继续产业升级、技术升级，回收低成本和研发能力，并最终获得国际竞争优势。

8. 演化路径实现的机制设计

本部分在前文基础上，对创新型成本领先演化路径实现的机制进行设计，为企业和政府提供借鉴。在促进成本领先制造企业战略转型过程中，企业和政府应重视低成本创新、优化知识产权低成本维护策略设计、促进战略演化升级的产品标准更新升级策略设计、创新与节能减排联动策略设计等。

目 录

第1章 概论 ··· 1
    1.1 研究背景与意义 ··· 1
    1.2 国内外研究现状及发展动态分析 ··························· 3
    1.3 研究思路和技术路线 ··· 9

第2章 创新型成本领先战略 ·· 12
    2.1 成本领先战略研究 ··· 12
    2.2 创新型成本领先战略的含义及特征 ······················ 18

第3章 创新型成本领先战略竞争优势的形成机制 ········ 20
    3.1 创新对成本优势的影响 ······································· 20
    3.2 低成本创新驱动制造业升级 ······························· 23
    3.3 创新对成本领先战略的影响 ······························· 25

第4章 创新型成本领先战略的识别 ································ 26
    4.1 竞争战略测度 ··· 26
    4.2 基于公开数据的竞争战略识别 ···························· 34
    4.3 创新型成本领先战略的识别 ································ 41

第5章 创新型成本领先战略演化路径的理论模型建构 ········ 55
    5.1 创新型成本领先战略演化路径 ···························· 55

5.2 演化路径的关键点识别与突破策略 …………………………… 62

第6章 创新型成本领先战略演化路径的博弈模型研究 …………… 67
6.1 成本领先战略模式演化的古诺模型 …………………………… 67
6.2 企业低成本创新投入的演化博弈模型 ………………………… 69
6.3 创新型成本领先战略演化路径研究 …………………………… 75

第7章 创新型成本领先战略演化路径的案例研究 ………………… 80
7.1 中集集团创新型成本领先战略升级演化路径 ………………… 80
7.2 比亚迪创新型成本领先战略升级演化路径 …………………… 87

第8章 演化路径实现的机制设计 ………………………………… 92
8.1 低成本创新策略设计 …………………………………………… 92
8.2 知识产权低成本维护策略设计 ………………………………… 94
8.3 创新与节能减排联动策略 ……………………………………… 96
8.4 实现产品标准更新升级策略设计 ……………………………… 97

附录 企业竞争战略研究调研问卷 …………………………………… 98
参考文献 ………………………………………………………………… 101

第1章 概 论

1.1 研究背景与意义

近年来,我国制造业的成本优势在国际竞争中受到威胁,以低价资源获取为优势的传统成本领先战略已经不能适应国内、国际新形势的要求,竞争优势逐渐消失,并在一定程度上阻碍了经济发展方式的转变。

对于在新形势下我国制造业低成本优势存在与否,未来能否凭借成本领先在全球开拓市场,理论界和实践界争议很大,甚至提出两个完全相反的思路。多数学者和企业家认为我国制造业成本领先优势将慢慢消失,企业未来发展之路不够清晰;少数学者认为在现有国际分工及其趋势下,今后较长一段时间我国多数企业仍然必须依靠成本领先战略,但现有成本优势形成因素已不能支撑。这个现实问题,必须靠我国管理理论的发展创新来回答和解决。中国企业管理研究会举行的"企业战略创新:改革开放30年回顾"研讨会共同关注的中国企业战略4个趋势中就包括探索"持续成长"和"转型"两个问题,表明既往的企业战略正在经受考验并亟待探索创新。如何从传统成本优势向新成本优势转换,是我国多数制造企业迫切需要思考和解决的问题。

因此,我国制造企业迫切需要寻求新的成本领先竞争战略。这对于消除我国"低成本悖论"的困惑,在实践上极为重要,其中的关键在于立足我国国情提出新假设,发现新规律,超越对于成本领先战略的通常理解和思维定式,而做到这一点需要在理论上创新。理论界大部分学者发现低价生产要素获取和高效率获取是成本领先战略的主要驱动因素,在此过程中也有创新的存在,但创新未能成为成本优势的主要驱动因素。我国的企业实践在理论上提示了一种崭新的模式——创新型成本领先战略。实践已经显示，创新作为企业成本优势的关键驱动因素在企业实践中已然出现（如中集集团、国华电力公司等），依靠具有发展中国家特色的创新（特别是需求创造型创新）不断进行产品升级，可以继续保持我国的劳动成本优势并向产业的中高端进军，从而避免"低成本陷阱"。学术界出现"在成本领先战略企业内部进行创新活动，进而创造或占据新市场或高端市场"的观点，这将是中国成本领先企业在新国际形势下升级演化的一个新路径。但相关理论方面的研究匮乏，可能由于学术界对迈克尔·波特成本领先战略通常理解的思维定式，认为成本领先战略的基本途径是获取低要素或追求高效率，而创新尚未被作为关键驱动因素。可见，成本领先战略在我国的实践应用中需要在理论上创新。本书以此为背景，提出创新型成本领先战略的概念，分析其特征与竞争优势形成，建立创新型成本领先战略的识别方法系统，分析要素驱动型成本领先战略向创新型成本领先战略演化的路径和机制。本书的研究对于推动成本领先战略管理理论的进一步发展具有重要的理论意义，为我国制造企业实施创新型成本领先战略的实践提供了具体的借鉴和指导。

1.1.1 理论意义

（1）提出创新型成本领先战略的概念，丰富和发展竞争战略理论。

本书在我国制造企业迫切需要寻求新的低成本竞争战略的背景下，提出创新型成本领先战略的概念，并依据成本优势的关键驱动因素将成本领先战略划分为三种基本模式。相关研究突破了成本领先战略的传统观点，在竞争战略理论研究上具有创新意义。同时，从计量和演化的视角分析创新型成本领先战略的演化路径和机制，拓展了企业竞争战略理论研究的新领域，丰富和发展了竞争战略理论。

（2）分析成本领先战略的演化路径和机制，丰富和拓展演化经济学的研究理论和范式。

全球经济环境出现新特征，一些战略学派基于特定视角有了新发展，但目前竞争战略还没有被吸纳到相应的理论框架中，不能满足企业战略演化的理论和实践的需要。本书在竞争战略研究领域中引入新兴的演化经济学新范式和前沿理论，探索创新型成本领先战略的演化路径和机制，将国际上传统的竞争战略理论发展为演化的竞争战略理论，是一个比较前沿的尝试和创新。相关研究成果将会丰富和拓展演化经济学的研究理论和范式。

1.1.2 实践意义

（1）为我国低成本制造企业未来发展提供战略思路和实践指导。

我国制造企业传统的低成本优势正逐渐丧失，如何构建新的成本优势是当前的迫切需要。通过以创新作为关键驱动因素，既能够不断向产业高端演进，又能够保持相对低成本优势的竞争战略，是低成本制造企业战略制定的一个新出路。创新型成本领先战略是如何从要素驱动型成本领先战略演进的，其演进路径、演进的关键点和影响因素等问题的分析结论将为企业实施创新型成本领先战略提供参考和指导。

（2）为政府制定制造业政策提供理论依据。

实现经济发展方式转变是政府部门需要解决的一个重要问题，其微观基础是企业，途径是战略演进与创新。从微观层面深度探讨我国传统成本领先战略制造企业向创新驱动型演进的路径及其演进过程中存在的一些制度性影响因素，可以为政府部门制定宏观层面的制造产业政策提供决策支持和参考。

1.2 国内外研究现状及发展动态分析

1.2.1 成本领先战略驱动因素的相关研究

波特在《竞争战略》（1980）中首次提出成本领先战略（亦称低成本战略），此后在《竞争优势》（1985）中对成本领先战略进行了扩展论述，开创了战略理论的新范式，已经成为该领域的主流模型[1][2]。成本领先战略采取适当方法，获得较低的业务单元成本，从而在成本优势基础上获取高水平利润。产品单元成本优势的获取因结构差异而有所差异，主要来自公司价值链中各个成本活动和与此相对应的结构性元素。波特认为，成本领先战略通常需要的基本技能和资源包括：连续不断的投资与强大的资金获取能力、产品技术技能、完善的监管员工制度体系、设计与生产的协作度高、低成本销售渠道与管理；以及其相应的基本组织要求：结构层次清晰的组织和责任、以适应定量业绩作为基本要求的激励、苛刻的总成本管理规划、频繁且内容翔实的控制报告。

在其后的研究中，学者们基于不同的国家、产业和企业特征，用不同的竞争战略驱动因素进行了调查研究，识别出的主要驱动因素多属于廉价投入和提高效率，也涉及制造过程创新。汉姆布瑞克（Hambrick，1983）指出，波特的成本领先战略主要维度是效率[3]。人们实际上是在案例基础上来理解成本领先战略的，因此这方面的研究对于基础理论也很重要。另外，与基本竞争战略相关的关键驱动因素识别在理论与实践之间架起了桥梁[4]。

戴斯和戴维斯（Dess & Davis，1984）较早从战略管理学者和企业首席执行官（CEO）两个方面实证分析成本领先战略的驱动因素，并发现二者存在一定差异[5]。怀特（White，1986）从输入要素、过程、产品或服务、分销四个方面详细梳理了低成本的驱动因素[6]。纳亚尔（Nayyar，1993）以美国一家大型多产品公司496种产品和64个事业部的相关数据识别出成本领先战略的驱动因素[7]。艾伦等（Allen et al.，2006）对日本和美国的驱动因素进行了比较研究，发现两国制造企业实施成本领先战略的驱动因素有一定的区别：美国企业严格追求成本降低、严格控制管理费用、分销成本的最小化，而日本企业严格控制管理费用和产品/服务质量、提供良好顾客服务、提高操作的有效性、严格追求成本降低[8]。阿坎和赫尔姆斯（Akan & Helms，2006）、吉姆等（Kim et al.，2004）、汉森等（Hansen et al.，2006）等基于不同的研究视角和行业发现了另外一些驱动因素，这些驱动因素多数围绕低要素资源的获取和提高经营效率[4][9][10][11][12]。

国内学者毛蕴诗等（2004）在实地调研的基础上分析了格兰仕竞争优势的源泉是实施成本领先战略[13]。刘睿智、胥朝阳（2008）、张正堂（2008）、王宇婷（2011）、任娟和陈圻（2015）、雷辉和王亚男（2016）、黄振海和郑兵云（2017）、李钦（2017）等基于中国企业背景通过实证研究发现了成本领先战略的驱动因素，如：低价原材料和人力资源获取、员工训练学习、运营效率等[14][15][16][17][18][19][20]。

从以上文献研究看，国内外关于成本领先战略驱动因素的研究都是围绕波特的观点进行验证和简单的发展，多属于廉价要素投入和提高运营效率，只有少量研究涉及创新。另外，这些研究只是对识别出成本战略的驱动因素进行罗列，但没有对这些因素进行整理，没能划分出成本领先战略的若干明确类型。

1.2.2 成本领先战略与创新关系的相关研究

早期研究者认为创新（特别是重大创新）对成本领先战略的竞争优势会有不利影响，在研究成本领先战略时基本不涉及企业创新行为。波特等（1994）承认创新可以成为成本领先战略的驱动因素，新兴技术往往可以成为组织成本优势的底子，然而多数为减少与成本联系的进程创新[21]。后来，部分学者研究发现工艺、流程等制造过程创新可以为低成本企业建立和保持成本优势（Reklitis，2001；Akan et al.，2006）[22][4]。近年来，一些研究发现企业技术创新与企业低成本竞争优势正相关（Fuentes et al.，2006；Menguc et al.，2007；Rodgers，2007；Banker et al.，2014；Agyapong et al.，2015）[23][24][25][26][27]。理论研究上，尼克劳斯等（Nikolaos et al.，2009）基于波特竞争战略框架，讨论产品创新、技术创新和组织创新与成本领先战略的概念关系[28]。

巴拉克塔尔和汉塞利奥古拉里（Bayraktar & Hancerliogullari et al.，2017）以土耳其制造业公司的电话业务资料为基础，实证分析实施成本领先和差异化战略企业的创新行为与竞争优势之间的关联表现[29]，发现企业的创新在很大程度上有助于其有效执行成本领先战略。该研究的被调查对象主要为企业战略层管理人员，并采用经济处于发展时期的行业数据，可以认为经济发展中的行业背景也支持创新的作用。特里穆尼（Tri Murni，2017）发现持续性创新对成本领先战略绩效有正向影响[30]。赛德·萨米耶（Saeed Samiee et al.，2020）发现成本领先战略使全球化蚕食与激进创新联系紧密[31]。奥米蒂等（Omidi et al.，2020）提出支出性观点与实证研究[32]。庞长伟（2019）的研究结论不同，他发现成本领先战略在企业整合能力提升企业绩效过程中提供负向中间效应[33]。

尽管传统观点认为创新是差异化战略的竞争方法，但国内一些学者提出创新也有利于成本领先战略建立竞争优势，并从不同角度进行了理论探讨。高玉荣和尹柳营（2005）指出，企业的创新行为在很大程度上能够使企业成本下降[34]。黄越和王培华（2004）指出，低成本战略企业长久保有成本优势的核心是不断进行技术创新[35]。蓝海林等（2001）认为，企业实行成本领先战略的有力保障实际上是技术创新行为，通过分析成本领先战略执行的路径依靠发现创新行为促使成本优势持续，有别于主流研究[36]。真才基（2009）认为"创新+低成本制造"是未来中国制造企业的竞争优势[37]。中国社科院金碚认为技术创新才能找到成本优势的新源泉[38]。

一些学者通过吉利汽车、格兰仕、浙江闰土等企业案例深入分析创新对成本领先战略竞争优势及产品升级的促进作用（王华，2007；赵为民等，2008；章钰，2010）[39][40][41]。石盛林（2014）实证研究发现低成本创新的本能动机、行为动机对成本领先战略有显著影响[42]。郭小钰（2016）探讨了创新对成本领先战略的影响[43]。

至于国内低成本制造企业以何种方式进行创新，曾鸣等（2008）提出"在成本领先战略企业内部进行创新活动，进而创造或占据新市场或高端市场"的观点，这将是我国成本领先企业在新国际形势下升级演化的一个新路径。随着流动性的增强，技术创新的独有红利和学习壁垒在不断弱化。在同质化竞争形势下，低成本创新成为必须[44]。"以低成本的方式进行技术创新，以技术创新的方式降低成本（即低成本创新）将成为未来全球竞争的核心"。低成本创新主要有三种模式：集成创新、流程创新和颠覆性创新。

创新低成本渐成民企第二国际战略竞争力。田冰等（2012）分析了低成本创新企业核心战略行为[45]。林英耀（2013）认为制造企业应当以低成本创新推动企业的创新活动，以获得竞争优势[46]。蔡瑞林等（2014）分析了低成本创新驱动制造业高端化的路径[47]。曾繁华等（2015）以全球价值链治理为分析方法，探讨创新行为对制造业升级的内外部促进作用及升级途径[48]。崔友洋等（2019）对182家医药上市公司进行实证分析，发现商业模式策略创新能够帮助企业在成本领先战略前提下塑造其价值容量空间[49]。

从以上文献研究看，尽管越来越多的学者认为（或证实）创新也可为企业建立成本优势,但并没有把创新作为成本领先战略的关键驱动因素,还没有提出创新驱动型成本领先战略的概念。这些文献讨论了成本领先战略与企业创新活动的关系,为创新型成本领先战略研究提供了一些基础,但多为个案研究,还没有形成一定的理论体系和影响力。

1.2.3 竞争战略的演化研究

自 20 世纪 80 年代以来,演化经济学逐渐发展,理论界引入演化经济学相关方法来分析战略发展,对战略演化的研究开始成为国际战略管理的最新前沿。战略演化借鉴了自然科学、演化经济学(特别是演化企业理论)的演化思想,在战略管理原有的动态研究(如动态能力理论、战略柔性理论)基础上,开始初步提出和研究演化范式下的战略理论,推动了战略管理理论发展。演化理论强调"惯例""搜寻""创新"和"环境选择"。企业演化主题相关文献参考了生物遗传与变异规律,利用其讨论公司战略变化规律。巴内特和布尔格曼(Barnet & Burgelman,1996)首先明确提出以演化视角研究战略管理,他们提出企业演化过程的四个基本规则:变异、环境选择、保留与传衍和生存竞争,是公司战略演化研究的公理性前提[50]。

国际权威的《战略管理杂志》(*Strategic Management Journal*)在此后 20 年分别出版了战略演化研究专辑,研究主题涉及企业技术能力演化(Stuart & Podolny,1996;Karim and Mitchell,2000)、战略联盟中的合作演化(Doz,1996)、产业演化(Carroll et al.,1996)、知识、能力、产品的协同演化(Helfat & Raubitschek,2000)、企业能力演化(Raff,2000)、动态能力(Eisenhardt & Martin,2000)等[51][52][53][54][55][56][57]。在战略演化其他研究文献中,学者们的研究主要关注企业技术能力演化(Jacobides & Winter,2005)、战略集群演化(Lee et al.,2002)、企业生存环境演化(Justin Tan & David Tan,2005)、企业发展过程中的核心要素演化(Siggelkow,2002)等[58][59][60][61]。动态研究运用的研究方法主要有:扎根理论、案例研究、按照时间维度发展的纵向个案研究、网络分析方法、演化博弈论、遗传算法模型等。

国内学者以钱辉等、韵江等、李垣等为代表对企业战略的演化进行多角度的研究[62][63][64]。

尽管国内外关于战略演化的文献比较丰富，但针对竞争战略演化进行研究的文献在《战略管理杂志》《美国管理学会学报》（Academy of Management Journal）《美国管理学会评论》（Academy of Management Review）等重要期刊中均未检索到。在相关期刊中关于竞争战略演化的研究较少，且主要讨论不同竞争战略之间的演变，很少涉及某种战略自身模式的演进。杰弗里等（Jeffreg et al.，1999）从博弈论角度讨论了竞争战略演化一般模型，并提出了一个多角度动态演化模型[65]。莫塔麦迪和库尔特（Motamedi & Kurt，2006）分析研究了企业在转型过程中如何根据内外部环境、需求等因素调整企业的竞争战略[66]。威尔逊·韦伯和爱迪生·费尔南德斯（Wilson Weber & Edison Fernandes，2010）分析了波特三种基本竞争战略向差异化成本领先战略（即混合战略）演化的条件[67]。

国内学者龚奇峰（2001）利用由交易费用、风险、时间变量三者构成的分析体系对国有企业从多元化战略向成本领先战略的演变进行了经济解释[68]。刘刚和李峰（2008）基于供应链管理的视角研究了跨国公司在华竞争战略从差别化战略向成本领先战略演变的驱动力及实现路径[69]。王雷（2009）基于全球价值链的视角分析了长三角本土代工企业竞争战略由成本领先战略向创新领先战略演变的驱动力及实现路径[70]。石盛林和陈圻（2010）以江苏272家民营制造企业为样本，实证研究发现竞争战略呈现"没有明确战略—供应链和成本领先战略—差异化战略"的演化路径[71]。陈圻和陈佳（2015、2020）讨论了帕利普（Palepu）假设的纳什均衡检验和基于效用不对称假设下的解析验证[72][73]。林芳强和陈圻等（2017）以华东地区29家汽车上市公司为样本，以2007~2015年度各个公司的竞争战略识别结果的变化为依据，实证分析样本企业的竞争战略演化路径[74]。陈圻和林芳强（2019）基于竞争战略选择构建了企业创新投入与产量决策动态博弈模型[75]。

综上所述，国际战略演化理论尚处于基础范式的研究阶段，具有经济学的性质，具体的战略管理的应用基础研究（特别是基本战略模式）还未见演化范式涉猎。相关竞争战略的演进研究都是关于不同竞争战略之间的演变，由于已有研究还没有将成本领先战略划分为若干类型（或模式），故缺少对成本领先战略自身模式演进的研究。

1.3 研究思路和技术路线

1.3.1 研究思路

消除我国"低成本悖论"的困惑,在实践上极为重要,其中的关键在于立足我国国情提出新假设,发现新规律,超越对于成本领先战略的通常理解和思维定式,而做到这一点需要在理论上创新。

理论界大部分学者发现低成本生产要素获取和高效率获取是成本领先战略的主要驱动因素,在此过程中也有创新的存在,但创新未能成为成本优势的主要驱动因素。然而我国的企业实践在理论上提示了一种崭新的模式——创新型成本领先战略的模式的存在。实践已经显示,依靠具有发展中国家特色的创新(特别是需求创造型创新)不断进行产品升级,可以继续保持我国的劳动成本优势并向产业的中高端进军,从而避免"低成本陷阱"。

以创新作为成本领先战略的新的关键驱动因素,可以颠覆以往对成本领先战略的成见。是否存在一种创新型成本领先战略的模式?这是本书要解决的首要问题,也正是本书理论创新的起点——发现创新型成本领先战略模式,从而将成本领先战略分为三种典型模式,是本书的第一项研究内容。

随后,提出第二个问题:创新型成本领先战略从何而来,既有的成本领先战略是如何演进的?在何种条件下它可以演进成为创新型的,在何种条件下会落入"低成本陷阱"?这就是本书的第二项研究内容——创新型成本领先战略的演化路径和规律的问题。

因此本书主要研究内容就是:首先建立创新驱动型成本领先战略模式;然后研究其在我国制造企业中的演化路径和机制。

1.3.2 技术路线

根据项目的研究思路和主要研究内容,本项目的研究工作将遵循以下的技术路线(如图 1.1 所示)。

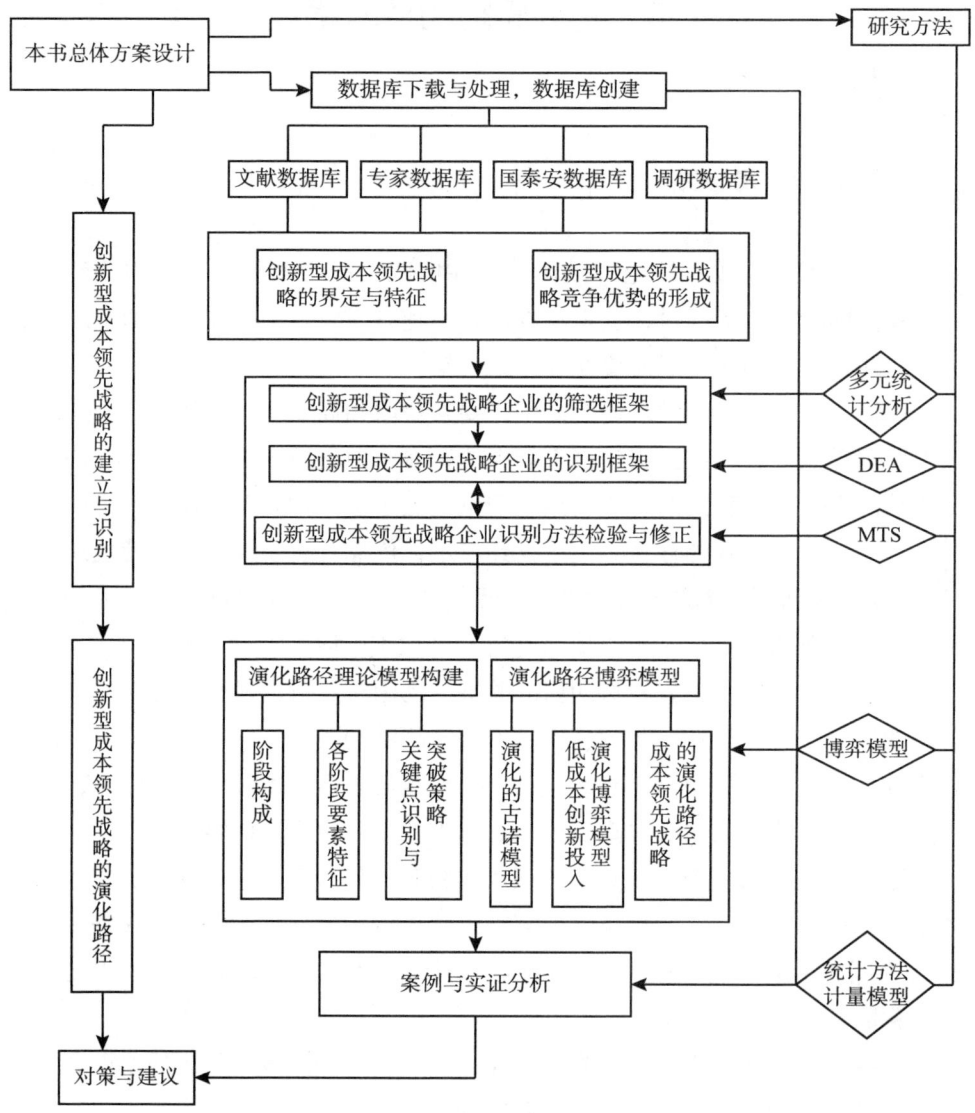

图 1.1 本书研究的技术路线

1. 本书总体设计

通过国内外文献检索和调研、专家咨询,确定项目的总体研究目标、研究内容和整体研究方案。

2. 建立数据库，确定研究方法和技术

本书有多处内容涉及实证研究，需要建立国泰安数据库和企业调查数据库。初步确定以多元统计方法、计量模型和博弈模型技术为主要分析方法。

3. 建立创新型成本领先战略识别的方法

提出并界定创新型成本领先战略及其特征，基于多元统计分析技术，对创新型成本领先战略模式进行辨识。结合专家访谈与调查，检验并修正辨识方法的可行性，建立系统的创新型成本领先战略辨识方法。

4. 探索创新型成本领先战略路径演进机制

在对创新型成本领先战略进行辨识的基础上，从理论模型构建和博弈模型分析两个方面探索创新型成本领先战略的演化路径。

5. 根据研究结果提出相应对策建议

第 2 章　创新型成本领先战略

2.1　成本领先战略研究

2.1.1　成本领先战略的含义

1980 年初，美国著名战略管理学家迈克尔·波特教授通过对美国、欧洲与日本制造业的实践研究提出了自己的竞争战略理论学说。他在其著作《竞争战略》一书中把竞争战略描述为：采取进攻性或防守性行动，在产业中建立起进退有据的地位，成功地对付五种竞争作用力，从而为公司赢得超常的投资收益（波特，1980）[1]。他的竞争战略理论认为企业要通过产业结构的分析来选择有吸引力的产业，然后通过寻找价值链上的有利环节，利用成本领先或性能差异来取得竞争优势。在这种指导思想下，波特提出了赢得竞争优势的三种基本战略：成本领先战略、差异化战略、目标集聚战略。

成本领先战略也称低成本战略，指企业通过有效途径降低成本，使企业的全部成本低于竞争对手的成本，甚至是在同行业中最低的成本，从而获取竞争优势的一种战略。低成本战略要求公司积极地建立起达到有效规模的生产设施，在经验基础上全力以赴降低成本，抓紧成本与管理费用的控制，以及最大限度地减少研究开发、服务、推销、广告等方面的成本费用，从而建立起竞争优势[1]。为了达到这些目标，有必要在管理方面对成本控制给予高度重视，尽管质量、服务以及其他方面也不容忽视，但贯穿于整个战略中的主题是使成本低于竞争对手。

差异化战略也称标歧立异战略，是指为使企业产品与竞争对手产品有明显的区别，形成与众不同的特点而采取的一种战略，这种战略的核心是取得某种对顾客有价值的独特性。实现差异化战略可以有许多方式：设计或品牌形象（Fieldcrest 在毛巾被和床单产业的名声最响、Mercedes Benz 在汽车业中声誉卓著）、技术特点（Hyster 在起重卡车业中、Maclntosh 在立体声元器件业中、Coleman 在野营设备业中）、外观特点（Jenn Air 在电器领域中）、客户服务（Crow Cork 及 Seal 在金属罐产业中）、经销网络（Caterpilla, Tractor 在建筑设备业中）及其他方面的独特性。最理想的情况是公司使自己在几个方面标歧立异。应当强调，差异化战略并不意味着公司可以忽略成本，但此时成本不是公司的首要战略目标[1]。

目标集聚战略是将差异化和成本领先战略运用到某一个特定目标市场的结果，主攻某个特定的顾客群、某产品链的一个细分或某一个地区市场。低成本与产品歧异都是要在全产业范围内实现其目标，而目标集聚战略的整体却是围绕着很好地为某一特定目标服务这一中心建立的，它所制定的每一项职能性方针都要考虑这一目标。这一战略的前提是：公司能够以更高的效率、更好的效果为某一狭窄的战略对象服务，从而超过在更广阔范围内的竞争对手。结果是，公司或者通过较好满足特定对象的需要实现了标歧立异，或者在为这一对象服务时实现了低成本，或者二者兼得。尽管从在整个市场的角度看，目标集聚战略未能取得低成本或歧异优势，但它的确在其狭窄的市场目标中获得了一种或两种优势地位[1]。

成功地实施以上三种战略需要不同的资源和技能，基本战略也意味着在组织安排、控制程序和创新体制上的差异。其结果是，保持采用其中一种战略作为首要目标对赢得成功通常是十分必要的。三种基本战略在这些方面的通常含义如表 2.1 所示。

表 2.1　波特竞争战略的功能活动要求、基本技能与资源要求及组织要求

基本战略	功能活动的要求	技能和资源的要求	基本组织的要求
成本领先战略	·建立具有效规模的设备 ·从经验中追求成本降低 ·使各种功能活动（如R&D、服务、销售等）成本最低 ·取得高市场占有率 ·获得重要的原料、物料 ·设计容易制造的产品 ·维持广的相关产品线	·持续的资本投资和良好的融资能力 ·工艺加工技能 ·对工人严格监督 ·所设计的产品易于制造 ·低成本的分销系统	·结构分明的组织和责任 ·以满足严格的定量目标为基础的激励 ·严格的成本控制 ·经常、详细的控制报告
差异化战略	·设计或品牌形象 ·技术 ·产品内容特征 ·顾客服务 ·配销渠道 ·其他能差异化的途径	·强大的生产营销能力 ·产品加工 ·对创造性的鉴别能力 ·很强的基础研究能力 ·在质量或技术上领先的公司声誉 ·在产业中有悠久的传统或具有从其他业务中得到的独特技能组合 ·销售渠道的高度合作	·在研究与开发、产品开发和市场营销部门之间的密切协作 ·重视主观评价和激励，而不是定量指标 ·有轻松愉快的气氛，以吸引高技能工人、科学家和创造性人才
目标集聚战略	·集中于特定需求的顾客群、产品线、地区市场 ·所有功能政策均以服务特定目标市场而设计，包括集中差异化或集中低成本	·针对具体战略目标，由上述各项组合构成	·针对具体战略目标，由上述各项组合构成

资料来源：根据波特（1980）[1]、郑兵云（2011）[76]整理。

2.1.2　成本领先战略驱动因素

波特认为，实施成本领先战略的企业采取适当方法，获得较低的业务单元成本，从而在成本优势基础上获取高水平利润。产品单元成本优势的获取因结构差异而有所差异，主要来自公司价值链中各个成本活动和与此相对应的结构性元素，主要包括：连续不断的投资与强大的资金获取能力、产品技术技能、完善的监管员工制度体系、设计与生产的协作度高、低成本销售渠道与管理；以及其相应的基本组织要求：结构层次清晰的组织和责任、以适应定量业绩作为基本要求的激励、苛刻的总成本管理规划、频繁且内容翔实的控制报告[77]。但他的论述主要基于多种价值链活动的操作性指南，没有就关键驱动因素进行

理论研究。

在其后的研究中，学者们基于不同的国家、产业和企业特征，用不同的竞争战略驱动因素进行了调查研究，识别出的主要驱动因素多属于廉价投入和提高效率，也涉及制造过程创新。

1. 廉价投入要素

纳亚尔（1993）以美国一家大型多产品公司496种产品和64个事业部的相关数据识别出产品成本消减、重视成本控制、低价原材料等成本领先战略驱动因素[7]。艾伦等（2006）对日本和美国的驱动因素进行了比较研究，发现两国实施成本领先战略的制造企业都严格追求成本降低、严格控制管理费用、分销成本的最小化[8]。吉姆等（2004）、阿坎和赫尔姆斯等（2006）等基于不同的研究视角和行业发现了成本领先战略另外一些廉价投入的驱动因素，如低成本分销系统、最小化运营成本、成本中心管理、低价原材料获取能力等[9][4][11]。国内学者张正堂等（2008）、郑兵云（2011）等基于我国企业背景通过实证研究发现了成本领先战略的驱动因素，如：低价原材料和人力资源获取、重视成本控制等[15,76]。

2. 效率要素

汉姆布瑞克和麦克米伦（Hambrick & Mac Millan，1993）指出，波特的成本领先战略主要维度是效率[3]。相关研究几乎都发现成本领先战略企业必须提高效率，包括运营效率、生产效率、过程自动化及规模经济等方式（Hansen et al.，2006）[10]，这里不再罗列相关研究。国外成本领先战略企业如此重视效率的提高而相对不重视廉价投入要素，可能是由于发达国家国内廉价投入资源较少。

3. 创新要素

早期研究者认为创新是差异化战略的专利，成本领先战略基本不涉及企业创新行为。后来，部分学者研究发现工艺、流程等制造过程创新可以为成本领先企业建立和保持成本优势（Reklitis，2001；Akan et al.，2006；Hilman，2014；石盛林，2014；任娟，2015；许照成，2019）[22][4][12][42][17][78]。波特等

(1994)自己也承认创新可以成为成本领先战略的驱动因素,新兴技术往往可以成为组织成本优势的底子,然而多数为减少与成本联系的进程创新[21]。而且,创新一般是作为非关键驱动因素存在的。

尽管国内外学者对成本领先战略驱动因素的研究较多,但研究识别的驱动因素繁杂,并经常依赖于特定行业或国家背景。而且,只是对识别的驱动因素进行罗列,对于"主要维度"(关键驱动因素)的一般性深入概括研究很少。

2.1.3 成本领先战略类型

1. 现有研究

波特认为,在所有企业战略的成本驱动因素中,任何一种都不会是在行业中成本领先的独特的完成支配因素,如果把其中几种驱动因素进行合理组合,在这种组合中,可能有一种或几种起到关键作用,也可能几种因素的地位是平行的,没有主次之分。这样的组合结果,会产生几种不同模式的成本领先战略。但波特只是面面俱到地列举了许多驱动因素,没有具体深入讨论。关于成本领先战略类型的研究比较少,少数学者从不同角度出发进行了简单的讨论。

潘玉迅(2008)根据企业获取成本优势的方法不同,将成本领先战略概括为简化成品型、改进设计型、材料节约型成本、人工费用降低型和生产创新及自动化型成本领先战略[79]。翁君奕(2009)基于经济学视角将成本领先战略划分为规模、简朴、精明、苗条、延展经济成本领先战略等精准成本领先战略类型[80]。陈圻和任娟(2011)通过模型假定与推导,认为效率型和创新型是成本领先战略的基本类型[81]。石盛林(2014)将成本领先战略区分为传统成本领先战略和创新型成本领先战略,实证研究发现传统型成本领先战略以运营效率为主要驱动因素,创新型成本领先战略以技术创新为主要驱动因素,两者企业绩效没有显著差别[42]。

从研究文献来看,成本领先战略类型的划分还没有统一标准,依据各自独立,比较零散,没有相关的系统的系列研究。

2. 本研究对成本领先战略的分类

从以上文献研究看，国内外关于成本领先战略驱动因素的研究都是围绕波特的观点进行验证和简单的发展，多属于廉价要素投入和提高运营效率，在此过程中也有创新的存在，但创新未能成为成本优势的主要驱动因素（林英耀等，2010）[82]。另外，这些文献通常是对识别出成本领先战略的驱动因素进行罗列，并没有对它们进行整理，没能划分出成本领先战略的若干明确类型。

按照波特的观点，成本领先战略类型应基于驱动因素来划分。本书根据成本领先战略的关键驱动因素将成本领先战略分为资源驱动型、效率驱动型和创新驱动型成本领先战略三种基本类型，作为研究基础。这三种类型的比较分析如表2.2所示。

表2.2　　　　　　　　成本领先战略分类比较分析

战略类型	特点	核心能力	优势
资源驱动型成本领先战略	以资源为核心，利用资源优势降低产品成本，从而占据市场份额	资源获取能力	(1) 廉价的资源降低了企业生产成本，丰富的要素资源以及劳动力资源降低了单位产品成本，使企业在成本方面更具有弹性，从而获得成本优势。 (2) 生产工艺简单，"资源驱动型"成本领先战略不需要复杂的生产工艺，大多属于劳动密集型。 (3) 更灵活的处理购买商的讨价还价能力。 (4) 企业规模小，组织结构简单，降低了企业运营成本
效率驱动型成本领先战略	以效率为核心，不仅仅只提高生产效率，还应表现在运输效率、销售效率、使用效率等的一体化的增长等方面，通过办公自动化和信息化改造来提高效率，以及通过内部结构优化来提高管理效率和办事效率	学习和管理能力	(1) 建立系统设计业务流程，使整个流程紧密衔接，促使组织资源配置科学高效。 (2) 保证生产/业务流程的功能性优化，从而简化生产过程，达到作业方法的改善，实现结构优化。 (3) 借助信息化管理改革组织的管理模式和结构，进行高效、科学的组织流程再造，并把组织内外部价值链活动全面综合优化，构造价值链管理体系，提高价值链管理效率

续表

战略类型	特点	核心能力	优势
创新驱动型成本领先战略	以技术创新为核心，致力于产品创新、设计创新、制造创新，"创新驱动型"成本领先战略是一项多主体参与、多要素互动的系统工程	创新能力	（1）有利于提高企业核心竞争力，应对现有竞争对手的挑战，从而占据市场优势。 （2）有利于创新型人才的培养，在企业中营造出一种创新的氛围，树立企业志在创新的良好形象。 （3）有利于整体推进创新服务体系的建设，完善技术市场、人才市场和信息市场等，形成有利于创新的市场体系结构。 （4）有利于形成较高的行业进入壁垒，减少行业的新加入者，从而获取竞争优势

2.2 创新型成本领先战略的含义及特征

2.2.1 创新型成本领先战略的含义

企业实践中，创新作为企业成本优势的关键驱动因素已然出现。相关文献研究表明，创新可以作为成本领先战略的关键驱动因素，但多为个案研究，还没有形成一定的理论体系和影响力。

基于以上讨论，本书提出创新型成本领先（低成本）战略。创新型成本领先战略是以创新作为关键驱动因素，在新的多变产业环境下通过创新既能够实现可持续低成本，并不断向产业高端演化，同时又能够保持相对低成本优势的竞争战略。此模式是在国际分工新形势下，初期以低成本方式进入低端市场，通过低成本创新活动实现持久成本优势，在学习积累中整合驱动创新因素，重视组织创新的协调管理作用，扩大产品市场或开拓新市场并拥有成本领先优势，不断向产品或产业高端发展，是一种可持续的新兴战略模式。

2.2.2 创新型成本领先战略特征

1. 创新驱动是关键

传统型成本领先战略的主要驱动是低成本生产要素获取和高效率获取，在此过程中也有创新的存在，但创新未能成为成本优势的主要驱动因素。而创新型成本领先战略以创新为关键驱动，凭借创新获取持久成本优势。企业在计划或实施成本领先战略时，在获取持久低成本目标下，广泛开展创新活动，创新可以是渐进性的也可以是突破性的，可以来自技术、设计、市场或组织。

2. 升级演化特性

传统型成本领先战略在产品升级演化过程中困难重重，由于升级壁垒高，在进入高端市场时，可能产生原有成本优势丧失及市场风险，常常陷入降级演化困境。企业在成本驱动因素无法继续带来成本下降时，往往采取降低产品质量的方式进行市场竞争，这会造成后期价格的下降，从而形成恶性循环。而创新型成本领先战略依托创新活动在保有成本优势下研发新产品，开拓新市场，使产品进入中高端市场，实现升级演化。

3. 低战略风险

企业通过优化组织内外部的资源、结构，分析自身所处内外部环境，利用自身的低成本核心能力，在惯例延续和路径依赖的条件下不断进行创新活动，实现成本领先战略模式从传统型升级到创新型。在升级过程中，创新活动可以是渐进性的，也可以是突破性的，一般以渐进性创新为主。在升级过程中，在保持原有产品市场成本优势下，开拓相关新产品市场，产品是可持续的。成本领先战略模式从传统型升级到创新型的过程是渐进的过程，可以避免急剧的竞争战略演化，没有向差异化战略演变，也没有发生市场业务的重新转移，是一种低风险的战略升级。

4. 持续内生优势

成本领先战略可以通过组织学习效应获取成本优势，但传统型成本领先战略组织学习效应是通过提高组织效率的方式实现的，表现为以规模经济为主、内生优势较弱；而创新型成本领先战略是通过创新活动的形式，以范围经济、消费成本等为主，着重培养组织低成本核心竞争力，具有竞争者模仿高成本和进入壁垒高的特点，内生优势持续性强。

第 3 章 创新型成本领先战略竞争优势的形成机制

3.1 创新对成本优势的影响

3.1.1 创新对成本优势的直接影响

创新最初在拉丁文中被写成 innovare，意思是"更新、创造或改变"。熊彼特在 1912 年出版的《经济发展理论》中首次提出了"创新理论"，按照熊彼特的观点，所谓创新，就是"建立一种新的生产函数"，也就是说把一种从未有过的关于生产要素和生产条件的"新组合"引入生产体系。由于研究者的兴趣及视角不同，对创新的理解也不一致。总体上，对技术创新的认识主要有四种观点：(1) 产品观点认为技术创新是组织生产或设计的新产品，主要强调创新的具体结果。(2) 过程观点认为技术创新是一个系统化的过程，着重从一系列的历程或阶段来评价创新。(3) 产品及过程观点认为技术创新既是一种产品，也是一种过程，应以产品和过程的二元观点来定义技术创新，将结果及过程加以融合。(4) 多元观点认为技术创新的产品或过程观点只是强调了组织技术层面的创新，而忽略了组织管理层面的创新，因此主张从技术创新和管理创新两个方面来考察技术创新（例如，Damanpour，1991；王雁飞和朱瑜，2009；石盛林等，2011）[83][84][85]。

本部分内容运用经济学的分析方法讨论创新对成本优势的影响[86]。简单

第3章 创新型成本领先战略竞争优势的形成机制

地说,厂商在进行管理生产、库存、销售等价值创造过程中,全部成本小于行业竞争者,则该厂商具备了成本上的竞争优势。进一步,该厂商获得这种低成本的驱动因素是独特的,对行业竞争者而言,具有高成本的模仿壁垒,甚至无法模仿,则此优势具有持续性。厂商在公平竞争环境中,以全行业基本相同的价格出售产品,而厂商的成本优势没有受到影响,则会产生超常收益。组织创新活动可以为厂商获取成本优势,并且创新活动对成本驱动因素产生多种效应,可能难以模仿或模仿壁垒高,使得成本优势具有持续性。

企业进行技术创新活动,可能在设计与研发、设备更新与改造、系统升级等方面增加投入,导致进行创新活动的企业在一定期限内比不进行创新活动的企业的平均固定成本高。另外,企业的创新活动会提高产品生产质量、降低废品率,技术创新活动可以开发出高效率的新材料,也可能是转向使用低价的生产材料,或者是生产效率、设备利用率等方面的提高。这样,进行创新活动的企业比不进行创新活动的企业的平均变动成本低。随着产品产量的增加或生产时期的延长,创新活动的平均固定成本增加幅度逐渐被平均变动成本减少幅度完全抵消,进一步,平均变动成本减少幅度高于平均固定成本增加幅度,进行创新活动企业的总成本低于不进行创新活动企业。创新活动为企业带来成本优势。

创新活动获取成本优势的原理可以用图 3.1 分析。在图 3.1 中,下标为 0 代表不创新,下标为 1 代表创新。AFC、AVC、AC 分别表示固定成本、平均变动成本和平均成本。

另外,企业的渐进创新能有效降低成本。技术升级是渐进创新的一种重要形式。甄丽明和唐清泉(2010)通过实证分析认为,国内企业在引进技术过程中,为达到预期,应加强内部吸收能力[87]。技术升级是一种低成本创新方式,在这个渐进变革过程中,原有技术的优势得以保持,同时技术创新的研发成本由于企业自身的吸收能力而在一定范围内降低,产品成本相应下降。可见,基于工艺创新等的技术升级活动可以获取成本优势。徐欣(2013)基于产品技术生命周期理论和工艺创新理论,实证分析技术升级投资与产品成本之间的关系[88],结论认为:工艺创新的技术升级改良现有技术、降低产品成本,从而获取成本优势效应,特别是对于降低企业销售成本具有明显的杠杆效应;技术升级投资能够积极影响企业未来产品成本的变动趋势。

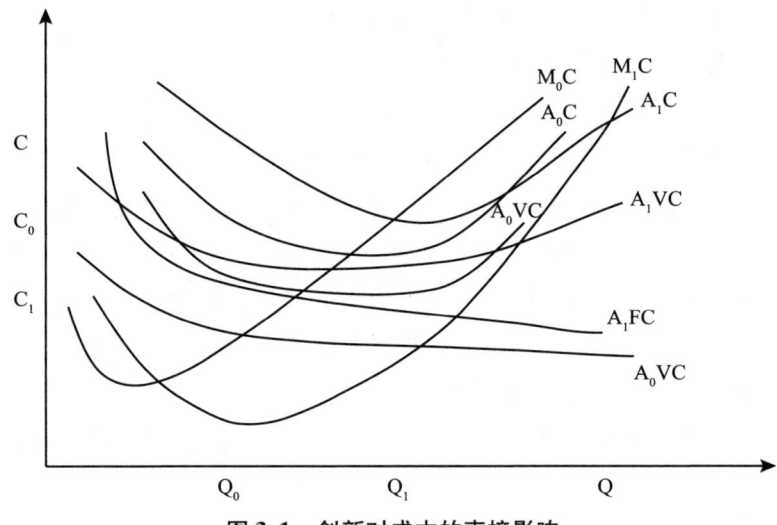

图 3.1　创新对成本的直接影响

企业管理创新可以有效降低成本。组织的全面质量管理可以在故障成本支出、鉴定成本、库存管理费用等方面控制上发挥有效作用。创新管理也能提高资金周转率,降低资金占用成本。

3.1.2　创新对成本优势的间接影响

企业在管理生产、库存、销售等价值创造过程中,成本活动受制于驱动因素。这些因素本身或组合如果是独特的,对行业竞争对手具有进入壁垒作用或模仿成本高,则竞争优势就具有持久性。技术创新通过影响成本驱动因素使成本优势维持持久。

1. 规模经济

企业通过技术创新产生规模经济的成本优势主要表现在两个方面:一是如前所述,创新活动带来的变动成本减少在稀释固定成本增加过程中,需要生产量(销售量)的支持,必须达到相应的规模,随着规模扩张,会带来学习效应下的成本降低。二是规模经济本身构成进入壁垒,行业竞争对手欲通过复制规模经济来达到同样产品单位成本,需要大量资本投入以达到规模经济或购买市场份额。可见,企业实施成本领先战略过程中,应重视优势规模驱动下的技术创新行为。

2. 学习效应

企业价值活动过程中，学习效应可以通过提高生产效率等方式降低产品成本。学习效应有时会与规模经济联系在一起。随着学习效应溢出程度增加，在多样化的成本降低驱动因素如产品设计改进、进度优化、合适的工艺流程等创新因素的效应下，产品平均成本曲线将会向下移动。学习效应存在企业、行业间的外溢效应，学习速度不仅来自企业自身，更多来自整个产业的学习。企业在创新过程中，需要重视微小或渐进创新的学习积累，获得学习效应的成本降低，并以此为基础产生突破创新，获取成本优势的持久性。

3. 消费成本

技术创新通过提高产品质量降低购买者的消费成本。随着产品供给的多样化和买方市场形成，消费者要求产品自身具有质量高、使用方便、耐久性等性质，同时要求在消费过程中具有低能耗、无污染等要求。购买者希望在消费阶段的使用成本、维护保养成本、废弃处理成本等消费成本低廉。因此，在产品的开发设计阶段，要利用技术创新设计并生产出更为合理、科学和符合用户满意的产品。特别是在使用维护与节能减排方面满足消费者的需求，在一定程度上降低产品的消费成本。

3.2 低成本创新驱动制造业升级

在我国企业的实践发展中，由于特定的国内外环境，企业界提出低成本创新的概念。比较有代表性的是曾鸣，他明确提出"低成本创新"的概念。曾鸣（2008）指出，随着流动性的增强，技术创新的独有红利和学习壁垒在不断弱化。在同质化竞争形势下，低成本创新成为必须[44]。在成本领先战略企业内部进行创新活动，进而创造或占据新市场或高端市场。"以低成本的方式进行技术创新，以技术创新的方式降低成本（即低成本创新）将成为未来全球竞争的核心"。低成本创新主要有三种模式：集成创新、流程创新和颠覆性创新。

武亚军和李兰等跟踪调查了我国5016名企业家对企业经营管理特别是企

业竞争战略的计划或执行情况，实证分析认为成本领先战略是现阶段我国企业主要的参与竞争的方式，主要竞争手段是低成本、低价格及宽产品线，且企业家基本上都关注低成本研发。低成本创新具备特有的优势，在我国制造业发展进程中将占据一定的地位，特别是中小企业和民营企业。陈圻（2011）建立低成本创新的 stackelberg 模型，该博弈模型推演出的采用较低的创新形式获得高产出的活动可以定义为低成本创新，低成本创新在财务成本、时间成本和风险等方面有严格低的属性，经低成本创新活动的产品具有低成本属性[89]。

低成本创新驱动制造业升级的路径主要存在技术创新能力、设计创新能力、市场创新能力和组织创新能力四个方面。制造企业依靠对组织结构和业务等方面不断执行各类创新战略来实现升级，在此过程中往往有低成本创新动机，企业利用拥有的内外部资源和所处环境特征，对企业的业务流程、工艺流程等进行创新与优化，保持组织持久创新。此创新以技术、设计、市场、组织四要素为基本点，探究价值链全过程蕴含的管理创新理念，并进行整合创新，实现产业升级。这种创新是典型的低成本创新行为。

实际上，创新动力的来源从来都是创新领域的重要话题。韦根提（Veganti，2003）通过案例分析了多家企业创新活动与特征，认为在技术驱动和市场驱动创新之外还存在设计驱动创新[90]。

蔡瑞林等（2014）基于45个转型升级中的设备制造企业，通过扎根化研究，验证了韦根提创新驱动理论在我国制造业环境中同样成立，也存在同样的三种驱动力[47]。不过，案例的编码分析发现，低成本创新更加重视组织创新的调节作用，组织创新通过优化组织内外部的资源、能力、结构，实现组织整体高效，此研究结论不同于韦根提等学者的创新驱动理论。制造企业可以通过低成本创新驱动制造业升级模型（如图3.2所示）实现产业的高端化。

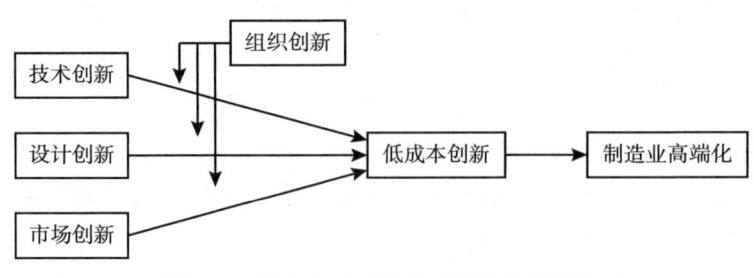

图 3.2　低成本创新驱动制造业升级模型

3.3 创新对成本领先战略的影响

成本领先战略中的各种策略，如有效规模的生产设施、运营效率、产品质量控制、劳动生产率、容易制造等，主要依靠采用技术上新的或有重大改进的生产方法，这些方法涉及设备或生产组织的变更或两者兼备。在企业技术创新实践中，通常表现为购置新工具或新设备、淘汰落后或高耗能设备、设备技术改造等。产品创新和工艺创新的区分并不是绝对的，有时这两者的边界不很清晰。通过采用新的产品零部件、增加产品技术含量等产品创新方式，同样可以达到降低制造成本进而降低销售价格的目的，有助于成本领先战略的实施。技术创新影响成本领先战略，进而影响企业绩效。

创新是获取低成本优势的有力方式和手段，产品创新开发的新产品和开拓的新市场节约了企业的运营成本，工艺创新则节约了能源与材料支出，设计创新的高附加值创造了新市场，引领消费趋势，降低产品推广成本。

石盛林（2014）[42]构建三个结构方程模型分别对技术创新形式对成本领先战略的影响机理进行研究，并对模型中假定的变量之间的作用关系进行验证。根据调研问卷数据实证结果发现，创新对成本领先战略有正向影响但不显著；从标准化系数来看，工艺创新对成本领先战略的影响强度高于产品创新，工艺创新和产品创新通过成本领先战略对企业绩效有正向影响。

第4章　创新型成本领先战略的识别

本章先讨论竞争战略的测度识别方法，然后借鉴相关思想和方法探讨创新型成本领先战略的识别方法。

4.1　竞争战略测度

4.1.1　竞争战略测度方法

目前在战略管理研究中所普遍使用的竞争战略测量方法主要有三大类，一种是斯诺和汉姆布瑞克（Snow & Hambrick，1980）最初提出的四种测量方法，即调研人员推断法、自分类法、外部专家分析法和客观指标法[91]，第二种是汉姆布瑞克（1980）从战略概念的操作化角度探讨的业务层次战略的四种测量方法，即文本描述法、战略的局部测量法、战略的多元测量法和战略分类法[92]，第三种是文卡特拉曼（Venkatraman，1989）提出的三种战略测量方法，即文本方法、归类方法和比较方法[93]。下面将分别阐述（李钦，2013）[94]。

1. 斯诺和汉姆布瑞克（1980）方法

斯诺和汉姆布瑞克（1980）将竞争战略的测量方法概括为调研人员推断法（investigator inference）、自分类法（self-typing）、外部专家分析法（external assessment）和客观指标法（objective indicators）[91]。调研人员推断法是指调研人员使用与企业有关的所有信息来分析企业战略，优点是分析更客观，不足是样本数量非常有限，研究者的认知偏差及了解企业关键决策机会非常有限等，这会导致该测量方法不可靠。自分类法要求受试者事先阅读每种战略类型的短篇描述，然后选择最能刻画其公司战略的叙述，又称文本方法（paragraph approach）。该方法的优点是企业高管的认知在很大程度上决定企业既定战略，适合大样本研究，缺点是很多企业管理者坚信其公司独特性，不愿进行战略归类，而且同一企业的不同管理者对企业战略的认知存在较大偏差。外部专家分析法是由企业之外的顾问、行业分析师和专家组评价并归类，要求专家组成员非常熟悉企业的战略导向，对特定企业战略达成共识。客观指标法是从二手数据库获得客观指标数据，测量战略更客观，优点是有效控制个人的认知偏差。

2. 汉姆布瑞克（1980）方法

汉姆布瑞克（1980）从战略概念的操作化角度探讨了在业务层次战略的实证研究中如何正确测量战略[92]。他指出战略有四种测量方法：文本描述法（textual description of strategy）、战略的局部测量法（measurement of parts of strategies）、战略的多元测量法（multivariate measurement of strategy）和战略分类法（typologies of strategies）。文本描述法是以综合性文本方式描述战略。战略的局部测量法依靠少数关键变量刻画企业战略行为，比较典型的是只考虑单个关键变量，如营销或研发职能领域的变量来度量战略。战略的多元测量法将战略视作更宽范围变量的交互作用，用回归分析方法判断各种战略变量的组合对企业绩效的效应。营销、制造、财务、研发和人力资源变量可对某些绩效变量进行回归分析，回归系数可能具有统计显著性，但不同自变量之间可能缺乏逻辑联系，回归结果只是表示每个自变量对绩效变量的统计效应，可能不代表战略。战略分类法是从战略的分类维度角度刻画每种战略类型的独特特征。

3. 文卡特拉曼（1989）方法

文卡特拉曼（1989）在《企业战略的概念、维度和量表》一文中总结出战略的三种测量方法，即文本方法（narrative approach）、归类方法（classificatory approach）和比较方法（comparative approach）[93]。文本方法反映企业战略的案例研究传统，战略的复杂特性只能以整体和上下文形式描述，因战略概念的独特性在于其特定情境特征，最好用语言描述战略，任何量表测量到的战略都是不完整的。这种方法强调运用文本描述法对战略概念进行测量，而非精细标定测量法（finely-calibrated measuring schemes）。该方法对于理论构建有帮助，但对于不同环境、组织和时期的各种战略理论检验用处不大。归类方法包括理论归类和实证归类。理论归类是依据一组简洁的归类维度或理论准则将企业归类为理想化的战略类型（typology），经典归类包括波特（1980）[1]等，不同的分类维度对应不同的分类体系。实证分类称作"taxonomies 分类"，表明内部一致构型的存在性。但我们需要认识到实证分类结果受到分类维度选择和提炼类型的分析方法的影响。这种方法能够捕捉战略的综合性和整体性本质，但无法反映组内差异。比较方法的目的是识别和测量战略构念的主要属性（也称作战略维度），重点不是将企业归为特定类型或建立简约分类，而是测量企业在一组战略特性方面的差异，这些特性共同描述战略构念。比较方法相比分类方法，其吸引力在于能够刻画企业各战略特性或维度的细微差异。这要求这些特性有特定的理论内容和适当的实证操作。

4. 不同测量方法比较

战略测量的三种分类方案的侧重点不同。斯诺和汉姆布瑞克（1980）的分类方法强调战略测量的主观评价和客观评价差别[91]，汉姆布瑞克（1980）的分类方法突出战略构念在研究设计中的不同作用[92]，而文卡特拉曼（1989）的分类方法聚焦于战略维度和战略类型[93]，这与本书重点关注的波特竞争战略分类体系一致，所以本书将着重探讨该分类的测量方法在我国实证研究中的应用。调研人员推断法、自分类法和外部专家分析法突出了调研人员、企业高管和外部专家对企业战略的看法，存在一定的主观认知偏差，而客观指标法聚焦于战略的客观层面，有效控制评价者的认知偏差。自分类法和调研人员推断法侧重于企业的既定战略，缺乏外部验证，外部专家分析法和客观指标法度量的是企业已实现战略。文本法、局部测量法和战略分类法可应用于将战略看作预测变量、调节变量或准则变量的研究设计。而多元测量法最适用于将战略视为预测变量的研究设计，旨在识别战略变量的组合如何预测绩效；将战略视作调节变量时，多元分析的价值有限；将战略视为准则变量时，多元分析的价值不大。归类方法只是刻画企业战略类型不同，而比较方法重在刻画企业各战略特性或维度的细微差异。

战略测量的三种分类方案有一些交叉之处。文本描述法等同于自分类法、文本法，以综合性文本方式描述战略。局部测量法与客观指标法类似，都是考察战略的关键变量，只能捕捉战略的局部而非整体信息。局部测量法可度量既定和已实现战略，而客观指标法只能度量已实现战略。仅当采用二手数据进行局部测量时，局部测量法才等同于客观指标法。战略分类法与归类方法类似，基于战略的分类维度将企业归类为不同的战略类型。

文本描述法在战略概念操作化早期对理论构建有帮助，对于不同环境、组织和时期的各种战略的相关理论检验用处不大。此外，因缺乏外部验证，文本描述法的测量信度不高，研究结论的可推广性有限。战略的局部测量法聚焦于企业竞争战略的部分组成要素，可能无法与竞争者区别开来。使用这种方法可能导致过度夸大独特重点设计，低估相对于竞争者的无独特重点设计。战略的多元测量法采用宽泛的战略变量，侧重于各种战略变量的组合对企业绩效的效应，选取战略变量时，需增强变量之间的逻辑联系。战略归类法和比较方法突出战略维度的重要性，比较方法着重测量企业在战略属性或战略维度方面的差异，归类法是依据战略维度进行战略归类。分类结果受到分类维度选择和数据分析方法的影响。

4.1.2 竞争战略测量方法在中国情境下实证研究中的应用

通过回顾近十年来国内外关于中国情境下竞争战略的部分实证研究文献，我们不难发现现有实证研究中测量方法应用的基本特点（如表4.1所示）。因本书的分析重点是波特竞争战略分类体系，所以表4.1不包含基于其他战略分类的实证文献。

表4.1　　国内外部分竞争战略实证研究的测量方法比较

研究者	战略维度	样本	竞争战略测量方法
罗辉道等 (2004)[95]	低成本、差异化，演绎方法	大中型客车制造业，38个企业	问卷、归类方法、聚类分析
蔺雷、吴贵生 (2007)[96]	服务差异化，演绎方法	多行业，202个制造企业	问卷、比较方法、验证性因子分析

续表

研究者	战略维度	样本	竞争战略测量方法
徐岚、汪涛、姚新国（2007）[97]	产品创新差异化战略，演绎方法	176个医药制造企业	问卷、比较方法、验证性因子分析
刘雪峰（2007）[98]	市场差异化、创新差异化，演绎方法	多行业，182个制造企业	问卷、比较方法、探索性因子分析
徐松屹（2007）[99]	低成本、差异化，演绎方法	多行业，158制造企业	问卷、归类方法、探索性因子分析+均值判断法
刘睿智、胥朝阳（2008）[14]	低成本、差异化，演绎方法	多行业，3805制造上市公司	上市公司财务数据、比较方法、验证性因子分析
Li & Li（2008）[100]	低成本、差异化，演绎方法	多行业，249企业	问卷、比较方法、探索性因子分析
石盛林、陈圻（2010）[71]	低成本、差异化、供应链，演绎方法	多行业，272江苏省民营制造企业	问卷、比较方法、验证性因子分析
Gao等（2010）[101]	低成本、差异化，演绎方法	多行业，样本企业18644	中国工业企业年鉴、归类方法、因子分析+均值判断
张婧、祁超（2011）[102]	低成本、差异化，演绎方法	多行业，220湖北省制造企业	问卷、比较方法、验证性因子分析
郑兵云、李邃（2011）[103]	低成本、差异化，演绎方法	多行业，316制造企业	问卷、比较方法、探索性因子分析
郑兵云（2011）[76]	低成本、差异化，演绎方法	多行业，298制造上市公司	上市公司财务数据、比较方法、验证性因子分析
Qi等（2011）[104]	低成本、差异化，演绎方法	多行业，604制造企业	问卷、比较方法、验证性因子分析
任娟、陈圻（2012）[105]	低成本、差异化，演绎方法	多行业，283制造上市公司	上市公司财务数据、比较方法、探索性因子分析
任娟（2012）[106]	低成本、差异化，混合战略，夹在中间，演绎方法	20家机械制造业上市公司	上市公司财务数据、归类方法、聚类分析+DEA方法
石盛林（2014）[42]	低成本、差异化；传统低成本、创新型低成本	427家中国制造企业	问卷调查数据、因子分析法

续表

研究者	战略维度	样本	竞争战略测量方法
任娟等（2015）[17]	低成本、差异化、混合战略，无战略，演绎方法	126家中国制造业	上市公司财务数据、杜邦财务指标分解法+DEA方法
林芳强等（2017）[74]	低成本、差异化、低成本差异化、无战略	29家华东地区汽车企业	上市公司财务数据、杜邦财务指标分解法
黄振海（2018）[107]	成本领先、差异化	124家电子制造企业	上市公司财务数据、因子分析法
许照成、侯经川（2019）[78]	成本领先、差异化	201家制造业上市公司	上市公司财务数据、均值法、多元回归分析法
吴少华、秦畅（2020）[108]	成本领先、差异化	80家军工企业	上市公司财务数据、均值法、多元回归分析法

资料来源：根据相关文献整理。

（1）大多数研究只使用一种数据源、一种测量方法，尚未见到中国情境下的研究使用多种数据源、多种测量方法情况。从具体的测量方法看，没有仅依靠文本法测量战略的实证研究，研究者更多采用比较方法，较少使用战略归类法。表4.1中有四篇文献使用战略归类法，这些文献的数据分析方法不尽相同，一篇采用常用的因子分析和聚类分析，两篇使用均值判断法取代聚类分析法，一篇使用DEA方法对聚类分析方法进行改进。从数据源方面看，由于二手数据的可获得性和质量问题的存在，使用二手数据库的实证研究不多，现有实证文献主要通过问卷采集数据。使用最多的二手数据库是上市公司财务数据，其次是统计年鉴。应用最广泛的测量量表是戴斯和戴维斯（1984）开发的21种竞争方法量表[5]。该量表最初用来测度美国涂料及相关产品行业的企业竞争战略。研究人员往往依赖于已有量表，极少能对量表做出调整以适应研究背景。这对了解竞争战略维度、相互关系的现实性、丰裕性和异质性带来阻碍。

（2）从战略维度选择方面，除了戴维斯和沃尔特斯（Davis & Walters，2004）采用大宗、专业产品、营销强度、效率、产品线宽度战略维度来刻画中国制造企业的战略行为外，国内实证研究着重分析低成本和差异化战略维度[94]。关于战略维度的确定，表4.1中所有文献全部采用演绎方法，大多应用验证性因子分析方法进行验证。

（3）从抽样方法方面，国内实证研究偏重于多行业。多行业研究能提升战略理论的普适性。但是，从一个行业转到另一行业可能产生战略测量值和相关因素的比较性问题。例如，我们不能确保劳动密集型行业、资本密集型和高新技术行业的低成本企业对战略的看法位于相同的绝对值范围。

4.1.3 未来研究中测量方法的应用和创新

在中国情境下的竞争战略研究，比较方法和战略归类法仍将是值得优先考虑的测量方法。但是，因中国情境的特殊性，在运用中需要从以下方面进行一定的改进。

首先，重新选择或界定竞争战略维度。在竞争战略研究中，因研究者关注点和研究对象特征不同，带来竞争战略概念化差异，因而竞争战略类型界定也相应有所不同。例如，低成本优势可能源于产能利用率、规模经济性、资产管理，对成本领先战略的度量需要捕捉低成本维度的细微差异——资产节俭、成本效率。同样，对于差异化战略维度也需要进行类似的处理。

其次，完善或重新设计测量量表或战略指标。文献中应用最广泛的测量量表是戴斯和戴维斯（1984）开发的21种竞争方法量表，该表最初应用在美国涂料及相关产品行业，由于时代变迁、行业和国别差异，研究者可基于研究问题、研究情境做出相应的调整[5]。研究单个行业时，测量量表或战略指标需要涵盖特定行业特征。对新的战略类型如创新型成本领先战略的度量，有必要综合行业专家、管理者看法，重新设计量表或战略指标。

最后，在测量方法的使用上需要进一步改进和创新。近年来已有部分学者尝试运用DEA方法改进聚类的分类效果。如任娟（2012）尝试运用两种DEA模型测度我国20家机械制造业上市公司竞争战略，一种是多指标区间交叉效率DEA模型，另一种是两阶段博弈交叉效率DEA模型，前者能够区分有效决策单元，综合评价具有统一性和合理性，后者能够实现自互评体系下的纳什均衡求解，效率评价的区分度更高[106]。这种创新测量方法能否应用到多行业、大样本企业研究尚不清楚，但是，对测量方法创新的每一次尝试，都能够促进竞争战略理论体系的完善。因每种测量方法各有不足，交叉验证对决定企业的

第4章 创新型成本领先战略的识别

战略维度、战略类型是必不可少的一步。

近期，学术界提出一种基于财务指标体系分解的战略识别方法。帕利普和希利（Palepu & Healy，2013）将杜邦财务体系中的净资产收益率分解为净营业利润率和资产周转率的乘积，并将此分解指标与已识别的差异化战略和成本领先战略对照分析。结果发现，相对而言，成本领先战略具有资产周转率高、净营业利润率低的特点[109]，被称为帕利普假设。之前，也有部分学者运用杜邦体系进行战略识别，如利特尔等（Little et al.，2009、2011），并比较了不同战略绩效[110][111]，唐璎璋和刘芬美（2010）基于组织动态能力发展了杜邦可持续绩效方程，辨别出企业发展优势[112]；尼古拉等（Nicola et al.，2011）建立和分析了杜邦模型，但无实证分析验证其效度[113]，这些研究比较零散，影响较小。传统竞争战略识别财务体系指标复杂，涵盖多种财务属性，在进行战略识别时，不同学者的财务指标体系差异性大，导致各自的因子不同。而帕利普假设中杜邦财务体系分解指标比较简洁，统一性强，识别效度较高。国内有部分学者开始以帕利普假设或杜邦财务体系试探性识别基本竞争战略。任娟等（2015）运用帕利普假设识别了我国制造企业的竞争战略模式，并发现了创新型成本领先战略的存在[17]；田冰（2015）、林芳强（2016、2017）运用帕利普假设识别了我国制造业企业的竞争战略，并进行演化分析或绩效比较分析[45][74][114]。这些文献在识别战略类型时，是以两分解指标的二阶交叉矩阵为基本分类方式，这种分类识别方式有较好的识别效度，如怀特（White，1986）[115]、泽丝曼尔和弗莱（Zeithaml & Fry，1984）[116]等文献根据不同的指标分解构建二阶交叉矩阵，都识别出了四种战略类型，识别效果实证表现良好。

需要说明的是，帕利普假设的杜邦分解指标是两个，理论上只是识别的充分条件，帕利普没有进行严格的推演，没有形成学界公认。后续研究需要用严谨的理论分析对这些识别方案进行评价、比较和选择。

总之，在未来的竞争战略研究中，研究人员尽可能同时使用二手数据和原始数据，采用多种测量方法，以增强测量的效度，尤其在验证战略维度或战略类型时，更需要利用不同数据来源。在战略维度、战略维度变量选择方面，并非所有的竞争战略研究都要包括战略维度及各维度的全部重要变量，研究者可基于研究问题、研究情境做出相应的调整。不同研究中竞争战略变量应具可比性，但不必要完全相同。测量方法的改进和创新，还需要更多学者重视，创新方法的适用性还需进一步检验。

4.2 基于公开数据的竞争战略识别

电子制造业这一行业近年来发展速度迅猛，该行业也是国家"十三五"规划重点支持的产业，是近几年内最具潜力的新兴产业，具有强大生命力，未来具有广阔的市场前景，在未来有可能会取代传统产业成为主导产业。因此本书选择电子制造业为研究对象，讨论基于公开数据的竞争战略识别。

4.2.1 数据说明

1. 竞争战略识别指标

针对竞争战略的识别方法主要有两种：其一是问卷调查法，自己设计指标并进行调查；其二是采用已有的数据库数据构建对应的指标体系。前者结果更贴合实际问题，但实施难度较大，费用较高；后者的数据存在一定的限制，但简单易操作。近年来，随着企业数据库的发展和完善，例如国泰安数据库，研究者能够轻松准确地获取每个企业的微观数据。基于此，本书将以已有数据库中的数据为基础，构建企业竞争战略指标体系。

针对成本领先战略指标，本部分整合了已有的研究成果，并结合我国上市公司的具体情况，采用总资产周转率、固定资产周转率和劳动效率来综合衡量。原因如下：汉姆布瑞克和麦克米伦（1982）指出，波特以企业的效率状况作为成本领先战略主要的衡量标准[117]。其中，资产周转率是衡量一个企业全部资产的经营状况和经营效率的指标，固定资产周转率是衡量一个企业固定资产利用率的指标，劳动效率是衡量一个企业成本的重要测算指标。选择上述三个指标可以很好地测度电子制造业企业的效率状况。可以说，这三个指标的值越大，代表一个企业的经营效率和经营质量越高，也说明企业的低成本水平越高，即说明该企业准备实施成本领先战略或者已经实施了成本领先战略。

针对差异化战略指标的选取：本书整合了已有研究成果，并根据我国上市公司的实际情况，采用销售费用率、期间费用率和研发费用率来衡量差异化程度。原因如下：实施差异化战略的企业必定要提高销售、管理、研发和财务支出，才能提供出独特的产品，发达国家的经济体以电子产业为主导，而电子产业一直保持技术研发、产品设计、销售方式、管理模式等方面的优势。这三个指标共同体现出电子制造业企业实现产品或服务独特性的投入力度。在对财务数据库的数据进行统计时，发现有的企业并没有公布研发费用，为了规范统一，本书用无形资产代替研发费用。资金投入的多少是企业是否重视差异化战略的重要标志。可以说，这三个指标的值越大，代表一个企业的差异化程度越高，即说明该企业准备实施差异化战略或者已经实施了差异化战略。

本书选择的电子制造业竞争战略指标体系如表 4.2 所示。

表 4.2　　　　　　　　电子制造业竞争战略指标体系

分类	符号	名称	计算口径
成本领先战略	X_1	资产周转率	营业收入/平均资产总额
	X_2	固定资产周转率	营业收入/平均固定总额
	X_3	劳动效率	营业收入/员工薪酬
差异化战略	X_4	销售费用率	销售费用/营业收入
	X_5	期间费用率	期间费用/营业收入
	X_6	研发费用率	研发费用/营业收入

注：由于上市公司很少公布"研发费用"指标，本书以无形资产代替。

2. 数据来源

本研究所采用的样本为我国电子制造行业中的上市公司，选择电子制造业这一行业作为研究样本是因为这一行业会选择不同的竞争战略来保持竞争力。选取的研究样本期间为 2010 年第 1 季度到 2017 年第 3 季度，时间相对较长，选择这样的时间跨度可以更好地保证企业之间数据的可比性和一致性。本研究所需要的财务数据来源于国泰安数据库的各公司的财务报表，并对原始数据进行了加工处理。需要说明的是，研究样本从 2010 年开始，因为许多企业的无形资产从2010年以后才开始在财务报表中公布，为了保证数据的有效性，本研究对原始数据还做了如下筛选：（1）保留的样本仅为在深市和沪市主板上市的A股电子制造业上市公司；（2）剔除（ST，*ST）类企业的数据；（3）剔除数据明显异常或数据缺失的企业，最终得到124家企业的季报数据。

3. 描述性统计

根据表4.2中的指标体系和计算口径，可以初步计算出124家企业的2010年第一季度至2017年第三季度的原始季报数据，得到对应的描述性统计结果如表4.3所示。

表4.3　　　　　　　　　　变量的描述性统计

变量	均值	最小值	最大值	标准差	观测值
X_1	0.383639	0.002480	3.434779	0.325970	3844
X_2	4.303234	0.003645	249.823100	12.034800	3844
X_3	7687157	0.000000	583000000	64800000	3844
X_4	0.5157041	0.000000	0.528709	0.52850933	3844
X_5	4.575954	0.000000	2111.913000	88.300230	3844
X_6	14.808877	0.000000	9337.690858	348.987059	3844

表4.3列出了6个指标的均值、最小值、最大值、标准差和观测值。由表4.3可知，本研究的全部指标都没有缺失值，可以进行实证研究。同时，指标体系中各原始数据的量纲和数量级存在很大差异，在进行实证分析前需要进行归一化处理，进而得到无量纲化指标。

4.2.2　识别过程

1. 因子分析法

为了更加准确地识别企业的竞争战略，首先需要尽可能多地收集关于企业竞争战略的指标数据，但指标数据不是越多越好，指标间通常存在信息重合问题，即有着多重共线性，会导致竞争战略识别结果不准确。针对此问题，若指标之间存在多重共线性，此时传统的最小二乘法（OLS）估计失效，估计结果有偏。因此，本研究尝试利用因子分析法来消除多个指标间的多重共线性问题：首先根据因子特征根矩阵识别出因子个数。再根据因子载荷矩阵分析各指标在各因子下的载荷程度，例如，指标 X_1 在 F_2 因子下的载荷程度最高，表明指标 X_1 属于因子 F_2，详细的过程见下文分析。因子分析的原理和数学表达如下：

假设本研究的对象为 N 个企业，每个企业有 p 个有关竞争战略的评价指标，分别是 $(X_1, X_2, X_3, \cdots, X_p)$。现从这 p 个指标中提取 k $(k \leq p)$ 个因子，分别为 $F_1, F_2, \cdots, F_k$。那么下面等式成立：

$$\begin{cases} X_1 = a_{11}F_1 + a_{12}F_2 + a_{13}F_3 + \cdots + a_{1k}F_k \\ X_2 = a_{21}F_1 + a_{22}F_2 + a_{23}F_3 + \cdots + a_{2k}F_k \\ X_3 = a_{31}F_1 + a_{32}F_2 + a_{33}F_3 + \cdots + a_{3k}F_k \\ \cdots \\ X_p = a_{p1}F_1 + a_{p2}F_2 + a_{p3}F_3 + \cdots + a_{pk}F_k \end{cases} \tag{4.1}$$

其中，a_{ij} 代表第 i 个因子对第 j 个原指标的影响系数，$\sum_{j=1}^{k} a_{ij}^2$ 代表方差总和，$\sum_{j=1}^{k} a_{ij}^2$ 越接近 1，表明本研究提取的 k 个因子对原指标的解释力度越强。

因子分析法的实施步骤具体如下：(1) KMO 和 Bartlett 检验：检验原始指标之间的相关程度，只有通过 KMO 检验才能进行因子分析。(2) 采用主成分法或其他方法提取因子：根据因子特征根矩阵识别出因子个数。(3) 采用极大方差法或其他方法对提取的因子进行正交旋转，得到因子载荷矩阵并识别出各指标在各因子上的载荷程度，进而对原始指标进行分类。(4) 解释因子含义：根据因子载荷矩阵的识别结果，计算出每个样本企业在每个因子上的得分。

2. 因子分析结果

本研究选取相应的财务指标进行竞争战略的识别，指标的选取是否合理关乎研究结论的准确性。所以在做各项分析之前，对本研究所选取的指标在结构效度方面进行验证，在 SPSS 22.0 软件中利用因子分析这一分析工具对所选取的指标进行验证性因子分析，用 KMO 和 Bartlett 检验来进行拟合检验。一般我们以 KMO 大于 0.5 为标准，只有 KMO 大于 0.5 才能做因子分析，而 Bartlett 检验用来检验各个指标间是否独立。通过因子分析对原始指标进行降维，对竞争战略进行划分，来得到战略因子。

首先，选取了成本领先战略指标和差异化战略指标，对选取的指标进行验证性因子分析得到结果如表 4.4 所示，KMO 值为 0.512，P 等于 0.000，说明所选择的指标适合做因子分析。如表 4.5 所示，我们根据特征值大于 1 为判别标准，可以提取两个战略因子，并且结果显示，提取的累积方差贡献率为 78.047%，包含大量的原始信息，因子的解释状况总体来说是可以的。

表 4.4　　　　　　　　KMO 和 Bartlett 检验

KMO 取样适切性量数		0.512
Bartlett 的球形度检验	上次读取的卡方	3188.037
	自由度	6
	显著性	0.000

表 4.5　　　　　　　　因子特征根矩阵

因子	特征值	方差贡献度	累积方差贡献度
F_1	1.7870	44.6700	44.6700
F_2	1.3350	33.3770	78.0470
F_3	0.5390	13.4750	91.5220
F_4	0.3390	8.4780	100.0000

然后再进行因子旋转，发现劳动效率、销售费用率的载荷系数在 F_1 和 F_2 因子上较低，故予以删除，得到表 4.6，发现资产周转率、固定资产周转率作为第二因子，且因子载荷很高，能够很好地解释所衡量的变量，我们将第二个因子命名为低成本因子（F_2）。期间费用率、研发费用率作为第一因子，且因子载荷都在 0.8 以上，说明所选变量与指标相关性很高，我们将第一个因子命名为差异化因子（F_1）。

表 4.6　　　　　　　　　　　因子载荷矩阵

原始指标	因子	
	F_1	F_2
X_1	—	0.845
X_2	—	0.860
X_5	0.909	—
X_6	0.901	—

因此，对 $X_1 \sim X_6$ 采用因子分析的方法提取出 2 个因子，从而消除了指标体系中的 6 个有较强联系的指标的多重共线性问题，因此，达到了降维的目的。且本研究所选取的指标符合竞争战略的逻辑，通过因子分析得出它们的战略因子，分别为低成本因子和差异化因子，也符合实际情况。

3. 竞争战略识别结果

依据差异化因子和低成本因子确定竞争战略类型的识别原则：（1）首先运用因子分析法得到的低成本因子和差异化因子的面板数据，计算出全部 124 家企业在 2010 年第一季度至 2017 年第三季度低成本因子的平均得分（costi）如表 4.7 所示，124 家企业在 2010 年第一季度至 2017 年第三季度差异化因子的平均得分（diffi）如表 4-7 所示。（2）其次，得到表 4.7 中差异化因子的平均得分的总平均值为 AV(costi) = 2.684449，表 4.7 中低成本因子的平均得分的总平均值为 AV(diffi) = 2.601457。（3）最后，将 124 家企业的低成本因子的平均得分（costi）、差异化因子的平均得分（diffi）与 AV(costi)、AV(diffi) 作对比分析。具体的判断原则如下：①当（costi）> AV(costi) 且（diffi）< AV(diffi)，说明企业实施的是成本领先战略；②当（costi）< AV(costi) 且（diffi）> AV(diffi)，说明企业实施的是差异化战略；③当（costi）> AV(costi) 且（diffi）> AV(diffi)，说明企业实施的是混合战略；④当（costi）< AV(costi) 且（diffi）< AV(diffi)，说明企业未实施任何战略（张正堂等，2008；任娟等，2015）[83],[42]。

表 4.7   2010Q1~2017Q3 差异化因子和低成本因子的平均得分

企业	差异化因子	低成本因子	企业	差异化因子	低成本因子	企业	差异化因子	低成本因子
深康佳A	0.734	4.576	北斗星通	4.980	1.709	上海贝岭	1.501	1.345
深华发A	1.931	3.605	通富微电	0.728	1.692	生益科技	0.486	3.253
深科技	0.298	6.412	远望谷	3.363	1.115	大唐电信	2.521	3.039
深纺织A	1.367	1.668	中航光电	1.022	2.335	铜峰电子	0.839	1.382
深天马A	0.906	1.879	纳思达	2.369	2.795	凯乐科技	0.611	2.049
中兴通讯	1.118	3.662	华天科技	0.685	2.471	航天信息	0.734	6.804
中国长城	1.042	7.949	利达光电	0.599	2.779	大恒科技	1.368	4.094
华控赛格	14.632	1.447	融捷股份	5.154	2.592	天通股份	1.367	1.732
TCL集团	0.759	3.734	武汉凡谷	0.985	2.019	长江通信	5.366	2.140
东旭光电	1.883	1.356	东晶电子	2.246	0.975	旭光股份	1.168	1.796
华映科技	9.191	1.938	大立科技	2.600	1.301	精伦电子	1.722	2.009
航天发展	13.490	1.472	合力泰	1.154	3.358	华微电子	1.802	1.182
烽火电子	2.940	1.997	福晶科技	1.367	1.189	联创光电	2.191	2.571
汇源通信	12.334	3.635	大华股份	1.294	4.649	宁波韵升	3.550	2.088
风华高科	1.072	1.837	歌尔股份	1.153	2.918	动力源	1.546	2.161
盈方微	4.444	4.231	水晶光电	1.091	2.315	北方导航	4.024	1.263
华讯方舟	1.269	1.962	光迅科技	0.756	3.000	士兰微	1.060	1.874
京东方A	2.376	1.123	超华科技	1.272	1.437	九有股份	0.763	2.023
华东科技	5.986	1.623	宇顺电子	0.902	2.819	信威集团	2.044	1.311
振华科技	9.096	3.520	辉煌科技	2.231	1.282	烽火通信	0.827	2.983
四川九洲	2.854	3.731	威创股份	1.964	2.088	长园集团	4.502	2.087
创维数字	1.358	5.134	日海通讯	0.907	2.761	凯盛科技	4.114	2.250
超声电子	0.870	2.972	漫步者	1.130	1.988	国睿科技	2.092	2.017
紫光股份	4.122	20.675	汉王科技	3.199	1.884	法拉电子	0.639	2.629
中科三环	0.508	3.097	卓翼科技	0.294	3.511	长电科技	0.898	2.180
浪潮信息	1.373	6.444	北方华创	5.362	1.225	方正科技	12.495	3.195
华工科技	15.370	2.529	新北洋	2.219	1.613	奥瑞德	2.203	2.020
东信和平	0.749	3.006	合众思壮	3.567	1.372	太极实业	0.958	2.319

续表

企业	差异化因子	低成本因子	企业	差异化因子	低成本因子	企业	差异化因子	低成本因子
航天电器	0.935	2.020	新亚制程	0.800	3.673	三安光电	4.601	0.970
联创电子	2.305	2.079	南洋科技	2.479	1.187	彩虹股份	3.834	0.311
国光电器	1.274	2.616	金亚科技	4.171	1.426	实达集团	11.326	2.541
紫光国芯	2.168	1.707	朗科科技	1.890	4.706	闻泰科技	4.287	3.359
同洲电子	1.396	2.087	台基股份	0.882	1.090	中电广通	1.087	2.408
得润电子	0.761	2.740	欧比特	5.352	1.126	南京熊猫	3.090	2.570
苏州固锝	0.496	2.521	海兰信	3.224	1.880	东方通信	0.734	3.533
新海宜	1.878	1.537	海信电器	0.777	6.629	天津磁卡	5.471	0.697
恒宝股份	0.966	3.208	保千里	4.771	2.730	四川长虹	1.118	3.919
莱宝高科	0.982	1.720	同方股份	1.082	2.253	新疆众和	0.674	1.735
三维通信	1.293	1.856	中国卫星	2.924	3.187	国美通讯	0.451	4.646
康强电子	1.071	2.763	波导股份	1.819	5.502	北矿科技	1.534	2.270
沃尔核材	1.409	2.013	航天机电	2.665	1.190	四创电子	1.473	2.663
顺络电子	1.081	1.607						

综上原则判断，从表4.8竞争战略的识别结果可知124家企业中，有26家企业实施的是差异化战略，占比21%；有35家企业实施的是成本领先战略，占比28%；有9家企业实施的是混合战略，占比7%；而另外有54家企业无战略，占比44%。

表 4.8　　　　　　　　　竞争战略识别结果统计

战略类型	无战略	成本领先战略	差异化战略	混合战略
公司数量（家）	54	35	26	9
百分比（%）	44	28	21	7

4.3　创新型成本领先战略的识别

创新型成本领先战略的识别分为两步，首先识别出成本领先战略，然后在成本领先战略企业中识别出创新型成本领先战略。

根据成本领先战略的关键驱动因素可以将成本领先战略分为资源驱动型、效率驱动型和创新驱动型成本领先战略三种基本类型。通过测度成本领先战略的三种模式，即可识别创新型成本领先战略。

4.3.1 成本领先战略模式测度方法

战略管理中对低成本竞争战略的经验研究最重要的部分是如何测量低成本竞争战略。测量低成本竞争战略需要考虑数据来源和测量方法。数据来源包括原始数据和二手数据，原始数据常常是通过问卷直接从目标企业收集的数据，二手数据是从目标企业以外的渠道采集数据。二手数据库包括 PIMS、COMPUSTAT、上市公司财务数据库、各种统计年鉴等。测量方法包括文本方法、归类方法和比较方法等。因竞争战略的测量结果受到成本领先战略维度和数据分析方法的影响，所以本节先从成本领先战略维度和数据分析方法入手对低成本竞争战略的具体测量进行分析。

1. 成本领先战略维度

资源驱动型成本领先战略的实现方法主要是产品成本消减、重视成本控制、低价原材料、低成本分销系统、最小化运营成本、成本中心管理、低价原材料获取能力等。效率驱动型成本领先战略的实现方法主要是提高运营效率、生产效率、过程自动化及规模经济等方式。创新驱动型成本领先战略的实现途径主要是工艺创新、技术创新、市场创新、组织创新等。三种战略模式之间驱动因素并不存在矛盾，只是关键驱动因素不同而已。

成本领先战略维度的确定有两种不同方法：一种是事先确定，根据相关理论给出战略的不同维度，然后经由数据检验证实，验证性因子分析方法是验明或拒绝理论维度的常用手段；另一种是事后确定维度，常用探索性因子分析方法事后确定。前者称作演绎方法，后者称作归纳方法，这种方法被认为无理论可循，仅适合于在无法事先给出维度（无理论依据）的场合。

经验研究中归纳或演绎方法的选择是一个争议焦点。凯琴等（Ketchen et al., 1993）分别应用了归纳方法和演绎方法对医院五年期各阶段的战略构型进行分析,结果显示,演绎方法所识别的战略构型数量稳定,而归纳法得出的各期结果不一致,且与演绎方法不同[118]。但凯琴等(1997)在对组织构型和绩效关系进行元分析后,得出"归纳方法与演绎方法在预测构型与绩效关系的结果无显著差异"的结论[119]。一般地,归纳方法主要用于探查新构型,然后还需验证新构型是否与已有理论相关。

2. 数据分析方法

常见的数据分析方法是因子分析和/或聚类分析。具体步骤是:首先对所选战略变量进行因子分析,提炼出公因子,然后使用公因子得分作为聚类变量进行聚类分析。因子分析用来减少变量数量,提取的公因子往往被看作战略维度,根据显著因子载荷值识别出与每个维度最紧密的那些战略变量,这些变量被视为战略维度的重要组成部分。聚类分析旨在发现一些由彼此相似的企业组成的聚类,同一聚类中的企业战略相似,不同聚类之间存在战略差异。因子分析的不足之处是因子载荷值不稳定,对公因子的阐释存在一定的困难。聚类分析存在显著局限性。聚类分析假定数据存在自然聚类。如果事实上自然聚类并不存在,那么聚类算法所产生的聚类结构,不能代表那些数据的自然聚类,只能说明研究者"创造"而非"发现"聚类结构。而且,任何聚类分析方法应用到一组数据都会产生聚类,运用不同聚类变量会得到大不相同的聚类。因此,产生聚类本身不能作为战略识别结果的依据。

因聚类分析方法的固有缺陷,有些学者在识别战略时避开聚类分析方法,采用均值判断法进行战略识别。均值判断法有两种做法:一种是依据战略维度得分是否高于均值,如阿库瓦和亚赛·阿德卡尼(Acquaah & Yasai-Ardekani, 2008)对加纳企业竞争战略和绩效关系的研究一文中,先用因子分析确定战略维度及其重要变量,仅将某战略维度的综合得分高于样本平均值的企业认定为实施该战略(因子分析提取的公因子被看作战略维度,根据显著因子载荷值识别出与每个维度最紧密的那些战略变量,这些变量被视为战略维度的重要组成部分[11]。战略维度的综合得分等于其重要战略变量的平均值)。另一种是依据战略维度的测量变量值是否高于特定值,如艾伦等(2007)对波特竞争战略在日本的应用进行了研究,他们先用因子分析直接确定战略维度及其重要变量,仅当某战略维度的所有7分值题项得分都在5以上时,才能认定该企业采用了该战略[120]。

4.3.2 成本领先战略模式识别实证分析

1. 量表设计

问卷设计的最高层次是问卷量表的构思与目的，不同的目的和理论依据决定了问卷项目的总体安排、内容和量表构成（王重鸣，1990）[121]。由于本研究所需数据无法从公开资料中获得，因此，本研究的数据收集采用了问卷调查的方式。参考部分学者（Dunn，Seaker & waller，1994；吴增源，2007；李岳龙等，2011）的建议[122][123][124]，本问卷测度题项的开发采取如下流程：（1）通过文献回顾和对企业界的调查和访谈形成初始测度题项；（2）与学术界专家讨论修改测度题项；（3）与企业界专家进一步讨论修改测度题项；（4）通过预测试对测度题项进行纯化以最终确定问卷题项。依此建议，本研究的问卷设计经历了以下过程（刘雪锋，2007）[98]：

第一阶段：设计测度题项。笔者查阅了大量有关企业成本领先战略的相关研究文献，借鉴了相关理论研究的理论构思和实证研究中构思的测度，并结合本研究设计了相关测度题项。吴增源（2007）研究发现，多题项测度在具有一致性情况下能够提高信度[122]。因此，本研究问卷涉及的变量都使用多题项测度以此提高测度的信度和效度。

第二阶段：与学术界专家讨论修改测度题项。学术界专家包括长期研究战略管理与创新管理的教授2名、副教授3名、博士3名。咨询的内容包括：（1）就所测度的变量之间的逻辑关系，征询专家的意见；（2）就测度变量题项的设计，征询专家的意见。具体包括题项措辞、题项归类、题项删除、题项增加等。根据学术界专家的意见对问卷初稿进行了修改，形成调查问卷第二稿。

第三阶段：与企业界专家讨论修改测度题项。本研究选取了3家制造企业，分别与这3家企业的中高层管理人员进行了深入访谈。访谈目的包括三方面：（1）就变量之间的关系征询被访谈者的意见，以检验本研究的逻辑设计；（2）就初始量表征询被访谈者的意见，以检验量表中变量的测度能否被企业理解，是否与企业实际相符合。根据企业界专家的意见对问卷二稿进行了进一步修改，形成调查问卷第三稿。

第四阶段：通过预测试确定最终问卷测度题项。将问卷发给6位企业中高层管理人员进行预测试，根据他们的反馈和建议，对一些测量题项的语言和表达方式进一步修改，在此基础上形成了调查问卷的最终稿，详见本书附录。

由于本调查问卷的大多数题项采用Likert 7点量表来测度，问卷应答者的回答主要建立在主观评价之上，因此可能会导致问卷测度不准确，出现偏差。福勒（Fowler，1988）发现主要有四个原因可能会导致问卷应答者对题项作出非准确性的回答[125]，这些原因有：应答者不知道所提问题答案的信息；应答者不能回忆所提问题答案的信息；虽然知道这些问题答案的信息，但是应答者不想回答这些问题；应答者不能理解所提问题。虽然无法完全消除上述四个因素可能带来的问题，但是通过采取一定的措施可以有效减少这些因素可能带来的负面影响（程鹏，2007）[126]。

（1）为消除第一种原因可能带来的负面影响，本研究对问卷应答者在该企业的工作年限设置了标准，即问卷应答者应该至少在该企业工作满三年。这也构成了判断问卷是否是有效问卷的一个标准。此外，笔者给予问卷应答者相对较长的时间，这样，对于不清楚的问题，问卷应答者可以向相关人员咨询以作出较为准确的回答。

（2）为消除第二种原因可能带来的负面影响，结合本研究的需要，问卷题项所涉及的问题都是针对企业近三年的情况且是主观评价，以尽量避免由于记忆问题所引起的偏差。

（3）为消除第三种原因可能带来的负面影响，本研究在问卷的卷首语告知应答者，问卷数据仅用于学术研究，内容不涉及商业机密问题，不会用于任何商业目的，并承诺对应答者提供的一切信息保密。

（4）为消除第四种原因可能带来的负面影响，本调查问卷设计过程中，广泛听取企业界专家和学术界专家的意见，并对问卷进行了预测试，对问卷的措辞进行修改，尽量排除题项难以理解或者意义含糊不清的情况发生。另外，问卷中标明了笔者的姓名和通信方式，以便应答者在不理解问题题意的情况下与调查者联系，减少了由于不理解某些题项的含义而带来问题。

本次调研共发放600份问卷，回收366份问卷。在366份问卷中有27份问卷由于调研信息填写不完整而被排除,因此有效问卷是339份。问卷的总回收率为61%,有效率为92.62%。

2. 变量测度

由于本研究所涉及的变量大多难以量化,因此,主要采用Likert 7级量表打分法加以测度。1~7表示从低到高依次过渡,分别为"非常低""低""较低""一般""较高""高""非常高";或者从不同意到同意过渡,分别为"完全不同意""不同意""有些不同意""中间态度""有些同意""同意""完全同意"。

变量测度分为两个层次,首先是对于竞争战略的两种类型——差异化战略和成本领先战略的变量设计;其次在成本领先战略范围下讨论三种模式:资源驱动型、效率驱动型和创新驱动型成本领先战略。关于竞争战略的两种类型测度,前面有较为详细的讨论,这里不再讨论。在此次问卷调研中,已识别出162个企业实施成本领先战略。

此部分设计题项仅考查成本领先战略三种模式的识别问题,如表4.9所示。

表4.9　　　　　　　　成本领先战略模式的测度

成本领先战略	题项
资源驱动型	重视原材料价格
	重视劳动力成本
	重视材料运输成本
	重视能源获取成本
	强调寻找削减成本的方式
效率驱动型	重视科学管理
	重视过程自动化
	严格管理一线员工
	重视运营效率
	重视生产率改进

第4章 创新型成本领先战略的识别

续表

成本领先战略	题项
创新驱动型	重视工艺创新
	重视自主创新
	重视原材料创新
	重视产品设计
	重视管理职能创新
	重视企业制度创新
	重视商业模式创新

3. 分析方法与工具

（1）描述性统计分析。

描述性统计主要对样本的基本资料，包括企业性质、行业、规模及被调查者职位等进行统计分析，说明各变量的均值、百分比、频率等，以描述样本的类别、特性以及分配比率。

（2）因子分析：信度和效度检验。

信度（reliability）是指一组测量项对于测量项母体的测量结果具有的一致性和稳定性程度，通常采用一致性指数（Cronbach α）来衡量。本研究针对所有变量对应的测量问题的问卷题项，计算 Cronbach α 系数来进行信度检测。如果构面的 Cronbach α 值大于 0.7，显示问卷具有良好的信度。按照努纳利（Nunnally）的经验判断方法，题项总体相关系数（CITC）应大于 0.35，并且测度变量的一致性指数（Cronbach α）应该大于 0.70。本研究将计算每个变量的题项总体相关系数，同时计算该变量的一致性指数，以评价变量测度的信度。

效度（validity）是指测量工具能正确测出其欲测量的特质之程度，体现所需测度对象性质的正确性程度，效度可以分为内容效度（contentvalidity）、效标关联效度（criteria-relatedvalidity）、结构效度（eonstructvalidity）三类（俞枫，2008）[127]。其中内容效度和效标关联效度的分析主要是体现在测量项及测量体系构建过程中，为了保证这方面的效度，本研究的测量项内容在理论综述中已查询过相关研究，并结合本研究的分析加以修订，在此基础上与相关领域学者和企业界人士讨论后加以修正得出。结构效度则是评估测量工具效度的非常重要的指标，一般通过因子载荷量分析来评估结构效度的质量，同时通过因子分析也可以简化与确定潜在被测变量的测量项基本结构，以便进行被测变量之间的相关性统计分析。本研究采用因子分析方法以评价变量的结构效度。根据郑兵云等（2011）的建议[128]，在做验证性因子分析时，各题项因子载荷的最低可接受值为 0.5 且需显著；在做因子分析时，各题项因子载荷的最低可接受值为 0.5 且需显著。

4. 基本数据分析

本次调研有效问卷是 339 份，经分析识别出实施成本领先战略企业 162 个，下面的分析是基于这 162 份问卷进行的，目的在于细分识别成本领先战略的三种类型。

（1）样本特征。

表 4.10 列示了样本企业的基本特征。从企业规模来看，大型企业、中型企业及小型企业均有一定的分布，分别占样本总数的 18.52%、52.47% 和 29.01%。从样本企业的地域分布看，来自中部地区的企业占样本总数的 30.25%，来自北京、上海、江苏的企业各占 12.96%、21.60%、24.69%，样本中 10.5% 的公司来自其他区域。从样本公司的地区分布看，该样本具有较广泛的代表性。从行业结构分布看，涉及国家统计局行业分类标准（GB/T 4754-2002）中大部分制造业行业，其中，电子制造业、服装制造业、医药制造业和化学制造业分别占 24.69%、25.93%、12.35% 和 13.58%，其他制造业占 23.45%，具有较广泛的行业代表性。调查问卷回答者中，企业高层管理人员占 43.21%，中层管理人员占 56.79%，保证了问卷涉及的战略决策及相关问题回答的正确性。

表 4.10　　　　　　　　样本基本特征统计

特征	分类	样本数（个）	百分比（%）	特征	分类	样本数（个）	百分比（%）
企业性质	国有或控股	48	29.63	受访者职位	高层管理者	70	43.21
	民营	62	38.27		中层管理者	92	56.79
	外资或合资	52	32.10		基层管理者	0	0.00

第4章 创新型成本领先战略的识别

续表

特征	分类	样本数（个）	百分比（%）	特征	分类	样本数（个）	百分比（%）
企业规模	大型	30	18.52	受访者服务年限	5年以下	40	24.69
	中型	85	52.47		5~10年	77	47.53
	小型	47	29.01		10年以上	45	27.78
企业所属行业	电子制造	40	24.69	企业地域	北京	21	12.96
	服装制造	42	25.93		上海	35	21.60
	医药制造	20	12.35		江苏	40	24.69
	化学制造	22	13.58		中部六省	49	30.25
	其他	38	23.45		其他	17	10.5

（2）描述性数据分析。

针对回收的162份有效问卷，检查各测量问项的平均值和标准差，以了解样本企业在各测量题项上的平均水平和变异情况，表4.11列出了成本领先战略各题项的描述性统计结果。从表4.11可以看出，各测量题项的评价值的偏度绝对值小于3，峰度绝对值小于10，表明数据基本服从正态分布，可以为下一步分析所用。

表4.11　　　　　　　　各题项的描述性统计分析

题项	最小值	最大值	均值	标准差	偏度	峰度
重视原材料价格	2	7	4.776	1.231	-0.504	-0.109
重视劳动力成本	2	7	4.326	1.492	0.188	-1.036
重视材料运输成本	2	7	4.475	1.378	0.241	-0.680
重视能源获取成本	2	7	4.450	1.359	-0.051	-0.821
强调寻找削减成本的方式	1	7	4.226	1.387	0.061	-0.325
重视科学管理	2	7	4.550	1.679	0.046	-1.222
重视过程自动化	2	7	4.375	1.463	0.131	-0.763
严格管理一线员工	1	7	4.475	1.282	-0.442	0.110

续表

题项	最小值	最大值	均值	标准差	偏度	峰度
重视运营效率	2	7	4.425	1.484	0.055	-0.577
重视生产率改进	2	7	4.301	1.344	-0.115	-0.930
重视工艺创新	3	7	4.500	1.178	0.100	-1.116
重视自主创新	2	7	4.675	1.385	-0.291	-0.659
重视原材料创新	1	7	4.326	1.493	0.188	-1.035
重视产品设计	3	7	4.452	1.359	-0.050	-0.820
重视管理职能创新	2	7	4.377	1.463	0.132	-0.763
重视企业制度创新	1	7	4.301	1.345	-0.115	-0.929
重视商业模式创新	2	7	4.676	1.386	-0.291	-0.658

5. 信度分析

本研究采用一致性指数 Cronbach α 值及题项对变量所有题项的相关系数 CITC 进行变量测度的信度检验。另外，如果变量测度题项中某个项目被删除后，以其他项目所计算出的被删除后 α 值越高，就代表该项目应考虑被删除。表 4.12 摘录了信度检验的主要结果，从表 4.12 中可以看出，所有变量的一致性指数 Cronbach α 都大于 0.7，所有题项的 CITC 都大于 0.35，删除任何变量的任何题项后的 α 系数也无显著的提高。综合以上这些指标来看，所有变量量表的内部一致性较高，信度较好。

表 4.12 信度检验结果

变量类别	题项	CITC	删除该项后 Cronbach α	整体 Cronbach α
资源驱动型	重视原材料价格	0.670	0.913	0.912
	重视劳动力成本	0.828	0.911	
	重视材料运输成本	0.753	0.914	
	重视能源获取成本	0.777	0.912	
	强调寻找削减成本的方式	0.763	0.911	

续表

变量类别	题项	CITC	删除该项后 Cronbach α	整体 Cronbach α
效率驱动型	重视科学管理	0.653	0.905	0.903
	重视过程自动化	0.686	0.897	
	严格管理一线员工	0.802	0.892	
	重视运营效率	0.652	0.898	
	重视生产率改进	0.781	0.891	
创新驱动型	重视工艺创新	0.667	0.752	0.821
	重视自主创新	0.606	0.777	
	重视原材料创新	0.621	0.786	
	重视产品设计	0.803	0.753	
	重视管理职能创新	0.609	0.808	
	重视企业制度创新	0.810	0.803	
	重视商业模式创新	0.689	0.736	

6. 效度分析

KMO样本充足度、Bartlett球体检验及因子载荷系数作为效度评价标准，马庆国（2002）认为KMO样本充足度测度用来检验量表中所有变量之间简单相关系数平方和与这些变量之间偏相关系数平方和的比值。其值越接近1，表明越适合进行因子分析。而当KMO值小于0.7时，不太适合作因子分析；Bartlett球形检验用来检验相关阵是否是单位阵，原假设为相关系数矩阵是单位矩阵。当Bartlett统计值的显著性概率小于等于P值时，拒绝原假设，即可作因子分析。另外，各题项之载荷系数大于0.5时，才可以通过因子分析将同一变量的各测试题项合并为一个因子进行后续分析，即该变量的测度具备有效性。

（1）资源驱动型效度分析。

表4.13显示资源驱动型量表的主成分因子分析的KMO值为0.853（大于0.7），Bartlett球体检验统计值通过显著性检验（$p<0.001$）表明数据适合做因子分析。表4.14的分析结果显示，只有一个因子被识别出来，与原构思符

合，即资源驱动型，该因子的特征根累计解释了总体方差的 71.039%。资源驱动型变量的各题项的因子载荷系数均大于 0.5（最大值为 0.892，最小值为 0.761）。资源驱动型通过效度验证，说明该变量的测量题项具有较好的结构效度。

表 4.13　　　　　资源驱动型 KMO and Bartlett's 检验结果

Kaiser – Meyer – Olkin Measure of Sampling Adequacy		0.853
Bartlett's Test of Sphericity	Approx. Chi – Square	211.329
	Df	10
	Sig	0.000

表 4.14　　　　　　　效率驱动型因子分析结果

题项	因子载荷	该因子特征值的方差贡献率（%）
重视原材料价格	0.779	
重视劳动力成本	0.761	
重视材料运输成本	0.883	71.039
重视能源获取成本	0.892	
强调寻找削减成本的方式	0.838	

（2）效率驱动型效度分析。

表 4.15 显示效率驱动型量表的主成分因子分析的 KMO 值为 0.856（大于 0.7），Bartlett 球体检验统计值通过显著性检验（$p < 0.001$）表明数据适合做因子分析。表 4.16 的分析结果显示，只有一个因子被识别出来，与原构思符合，即效率驱动型，该因子的特征根累计解释了总体方差的 71.565%。效率驱动型的各题项的因子载荷系数均大于 0.5（最大值为 0.889，最小值为 0.751）。效率驱动型通过效度验证，说明该变量的测量题项具有较好的结构效度。

第 4 章　创新型成本领先战略的识别

表 4.15　效率驱动型 KMO and Bartlett's 检验结果

Kaiser – Meyer – Olkin Measure of Sampling Adequacy		0.856
Bartlett's Test of Sphericity	Approx. Chi – Square	182.326
	Df	10
	Sig	0.000

表 4.16　效率驱动型因子分析结果

题项	因子载荷	该因子特征值的方差贡献率（%）
重视科学管理	0.755	
重视过程自动化	0.757	
严格管理一线员工	0.889	71.565
重视运营效率	0.751	
重视生产率改进	0.879	

（3）创新驱动型效度分析。

表 4.17 显示创新驱动型量表的主成分因子分析的 KMO 值为 0.779（大于 0.7），Bartlett 球体检验统计值通过显著性检验（$p < 0.001$）表明数据适合做因子分析。表 4.18 的分析结果显示，只有一个因子被识别出来，与原构思符合，即创新驱动型，该因子的特征根累计解释了总体方差的 69.567%。创新驱动型的各题项的因子载荷系数均大于 0.5（最大值为 0.879，最小值为 0.756）。创新驱动型通过效度验证，说明该变量的测量题项具有较好的结构效度。

表 4.17　创新驱动型 KMO and Bartlett's 检验结果

Kaiser – Meyer – Olkin Measure of Sampling Adequacy		0.779
Bartlett's Test of Sphericity	Approx. Chi – Square	66.125
	Df	21
	Sig	0.000

表 4.18　　　　　　　　　　创新驱动型因子分析结果

题项	因子载荷	该因子特征值的方差贡献率（%）
重视工艺创新	0.821	
重视自主创新	0.756	
重视原材料创新	0.788	
重视产品设计	0.865	69.567
重视管理职能创新	0.789	
重视企业制度创新	0.771	
重视商业模式创新	0.879	

7. 创新型成本领先战略模式识别

通过前述分析，我们已获得成本领先战略的三个维度的公因子，即资源公因子、效率公因子和创新公因子。接下来使用公因子得分作为聚类变量进行聚类分析。聚类分析旨在发现一些由彼此相似的企业组成的聚类，同一聚类中的企业战略相似，不同聚类之间存在战略差异。实证结果发现聚类结果较为分散，效果不理想。

我们采用均值判断法进行战略识别。根据阿库瓦和亚赛·阿德卡尼（2008）的判断准则[11]，即先用因子分析确定战略维度及其重要变量，仅将某单个战略维度的综合得分高于样本平均值的企业认定为实施该战略，其余情形为不明确战略类型，表 4.19 是企业成本领先战略模式具体分类统计结果。但从结果可看出，实施（或计划实施）创新型成本领先战略的企业只有 29 家，数量较少。

表 4.19　　　　　　　　　　竞争战略识别结果统计

项目	资源型	效率型	创新型	不明确型
公司数量（家）	31	65	29	37
百分比（%）	19.16	40.12	17.90	22.84

我们选择部分企业进行走访，将我们的研究结果反馈给企业管理人员，发现这些企业实施的战略与研究结论比较吻合。

第 5 章 创新型成本领先战略演化路径的理论模型建构

5.1 创新型成本领先战略演化路径

要实现我国低成本制造企业向创新驱动型模式演化发展,就要以创新为驱动力,全面提升传统制造业的产品结构、技术结构、组织结构等,实现制造业由劳动密集型、资源粗放型、低附加值型向技术密集型、资源节约型以及高附加值发展方式的转变,然而这一转变,需要经过三个阶段,即资源驱动型成本领先战略、效率驱动型成本领先战略以及创新驱动型成本领先战略,如图 5.1 所示。

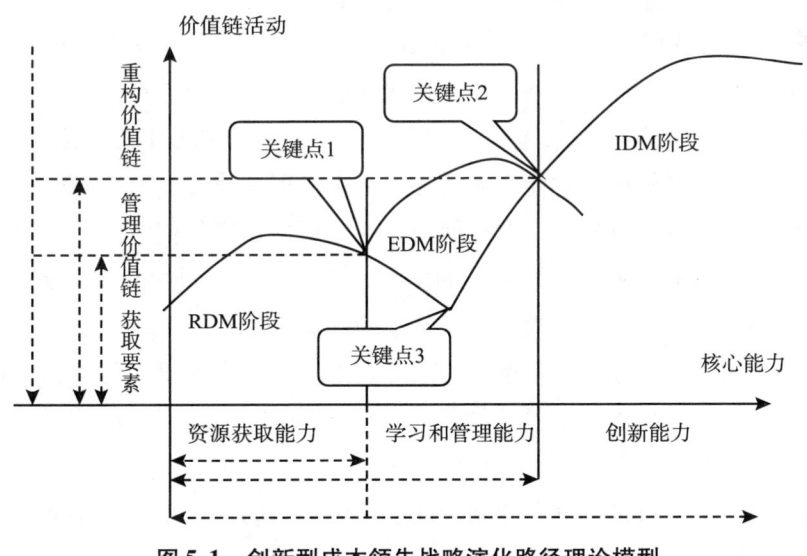

图 5.1 创新型成本领先战略演化路径理论模型

5.1.1 资源驱动型向效率驱动型转变

资源驱动型主要包括劳动密集型、技术密集型以及知识密集型。劳动密集型的制造企业主要是依赖大量使用劳动力，而对技术和设备的依赖程度低。技术密集型制造业是产品成本中技术含量消耗占比重较大的企业，其特点是对技术熟练程度和科学知识水平要求较高。知识密集型制造业是建立在现代科学技术基础上，生产高、尖、精产品，科技人员集中，科研设备先进的企业。

资源驱动型成本领先战略主要是以绝对的资源优势或是掌握稀缺资源，从而实施成本领先战略以及进行企业的生产活动等。因此，在此阶段，低成本制造企业的核心能力就在于资源获取能力，如何在获取资源的过程中凸显优势从而降低成本是至关重要的。企业获取资源的方式有三种：政府安排、市场交易以及内部研发。政府安排主要是针对国有企业以及集体企业，其优点是保证了一定的公平，但效率低下；后两种方式主要是针对民营企业，其优点是能够保证效率，但不一定公平。如何在获取资源时做出更具有战略性的决策，企业需要考虑以下问题：

（1）当企业内部资源诉求与外部企业资源同质性大，同时企业自身拥有较强竞争力时，企业内部研发新资源是更有利的途径。

（2）当企业和资源提供者对企业价值具有共识时，而企业自身研发能力相对不够强大，可以考虑从外部企业直接获取资源为有效途径。

（3）如果建立合作关系无法帮助企业获取资源，那么收购或许是企业最佳的选择，与联盟相比，它使企业能够为未来发展构建起一个更加稳定的知识平台，而与单纯的许可相比，它可使企业汇聚更加丰富的资源。

随着全球经济危机和供给冲击的影响，依靠低价劳动力资源、能源资源、土地资源等生产要素所形成的成本优势不断削弱，"低要素成本"时代一去不复返，这意味着企业过分依赖增加劳动、资本等生产要素投入的增长方式已经难以持续，企业必须重新定位，调整成本优势获取方式，提高组织管理水平，进行多种形式的创新活动，加大全要素生产率提高，引导企业实现由资源驱动型向效率驱动型的演进。资源驱动型向效率驱动型的演进动力有以下几个方面（如图5.2所示）。

第 5 章 创新型成本领先战略演化路径的理论模型建构

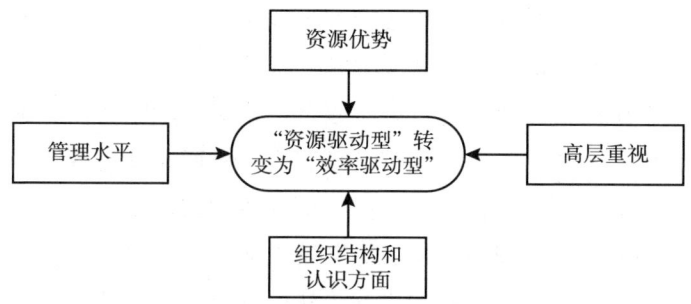

图 5.2 资源驱动型转变为效率驱动型演化动力

第一，资源优势已不复存在。资源匮乏使得资源供给产生不平衡，从而增加了企业的资源成本；另外，粗放的生产方式存在资源浪费现象，这使得企业不得不进行转变升级，提高资源利用率，从而降低成本。

第二，企业管理水平的提高。随着企业管理水平的提高，粗放的生产方式已经不能适应企业发展的需要，资源驱动型成本领先战略已不能顺应国家相关政策，相比之下，效率驱动型成本领先战略强调对企业整个组织的整合能力，提高整个企业的运行效率，奠定成本领先战略执行管理方面的坚实基础。

第三，效率驱动型成本领先战略得到企业高层的重视，企业高层不再单纯地专注于资源的获取，开始重视企业的运行管理，致力于提升组织的生产效率以及整体运行效率，效率的提升显著降低组织产品成本以及运行成本。

第四，组织结构得到有效改善，企业合理和有效的组织结构有利于提升企业的运行效率，清除冗余的组织结构，不仅降低了企业运行成本，也使得企业上下级间的沟通与信息传递更为方便，从而也有利于实现效率驱动型成本领先战略。

第五，认识方面的障碍得到清除，改革开放的四十多年，我国制造企业的增长几乎是由大规模的资源支撑的，大多数企业已认识到这一问题并积极探索新的成本领先方式，从而促使企业由资源驱动型向效率驱动型进行转变。

5.1.2 效率驱动型向创新驱动型转变

就我国制造业来说，尤其是许多劳动密集型企业，劳动力优势已不明显，制造企业想要通过廉价劳动力实施成本领先战略已是不可能，在资源匮乏、竞争激烈的背景下，企业需要转变其成本领先战略方式，从要素驱动到创新驱动大概率需要一个中间效率驱动的过渡阶段。成本领先战略由资源驱动型向效率驱动型进行转变，再进一步向创新驱动型演进，从而实施可持续的成本领先战略，在激烈的竞争市场中占据成本优势，把握主动权。

效率驱动型成本领先战略，顾名思义就是从企业效率方面着手，通过提高企业的整体效率来降低企业产品的成本，从而具有成本优势。总体来看，高生产率、低成本和产品质量一致性是国内大多数制造业获取市场竞争优势的基础，保证产品制造的生产效率是目前国内企业把握并取得竞争优势的必要手段。效率驱动型成本领先战略的关键在于效率，因此，该阶段，制造企业不再致力于获取资源以降低产品成本，制造企业的核心能力在于学习和管理能力，通过学习和管理企业，提升企业效率。效率驱动型向创新驱动型演化动力有以下几方面（如图 5.3 所示）。

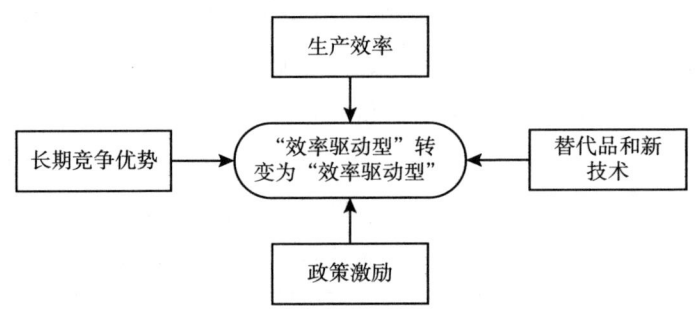

图 5.3　效率驱动型转变为创新驱动型演化动力

第一，生产效率已达到最优。生产效率是指产品或服务的产出与生产/服务过程中的投入（包括劳动、材料、能量、信息及其他资源）的比例。提高效率不再能降低产品成本以及企业运行成本，因此，企业需要进行突破，不再单单基于效率获取成本优势。

第二，替代品的出现，使得企业产品出现复制危机，替代品与企业产品进行市场份额竞争，企业产品不再具有价格优势，企业必须进行创新，设计新的产品或进行工艺创新，从而优先占据新产品市场。

第三，建立长期竞争优势的需要。在新国际分工与竞争形势下，组织依靠成本管理和效率控制获得业务单元成本优势不具有可持续性，特别是在业务寿命周期短期化趋势下，竞争组织不进行产品创新升级，很容易会被消费者遗弃，被市场淘汰。

第四，产品技术创新在一定范围和时期产生规模不经济。企业不进行技术创新，就会出现投资和扩大生产规模的成本无法如数收回，利润率水平低。

第五，政策激励。党的十八大报告提出了实施创新型驱动的发展战略，"要促进创新资源高效配置和综合集成，把全社会智慧和力量凝聚到创新发展上来"，有了相关政策扶持，使得企业开始注重创新并且敢于创新。

该阶段的价值链活动为管理价值链，组织将内部现有生产资源综合考虑，最大程度优化各个生产环节流程，达到价值链高效。业务流程管理是管理价值链的关键，组织要建立系统设计业务流程，使整个流程紧密衔接，提高整个流程的效率，从而提高企业效率。企业组织的转变是管理价值链的高效保障，如果组织及其相关管理结构散乱无序，则会导致业务流程之间缺乏有机联系。当整个业务流程耗时低效时，则需要优化现有组织机构，使得业务流程衔接更加合理，形成强链接。然后，现代信息技术能够很大程度上促进管理价值链活动，这是由于现代信息技术通过有效改进业务流程而产生溢出效益。借助信息化管理改革组织的管理模式和结构，进行高效科学的组织流程再造，并把组织内外部价值链活动全面综合优化，构造价值链管理体系，从而为效率驱动型成本领先战略的实施提供基础。

5.1.3 创新驱动型成本领先战略

就我国制造业来说，大多数产品由于缺乏核心技术，缺乏自主品牌，附加值仍然偏低，出口效益仍没有实质性提高。加快推进我国制造企业成本领先战略转型升级，尽快实现从"中国制造"向"中国创造"的跨越。效率驱动型成本领先战略已不能满足企业需要，且企业整体运行效率已达到最优，提高效率不能使企业获得低成本优势，产业寿命周期已进入成熟期，市场出现了新的产品和新加入者，新加入者加入行业，使市场能力扩大，市场竞争激烈，产品价格下降；另外，新加入者占用资源提高行业的生产成本，企业内部的资源利用率已达到最大化，这时，企业需要从效率驱动型转变为创新驱动型。

创新驱动型成本领先战略指的是通过提升制造企业的创新能力，推动企业进行全面升级，从而实现"中国制造"向"中国创造"的跨越，降低企业成本。创新驱动型成本领先战略的核心能力在于创新能力。首先，创新型成本领先战略以创新为关键驱动，凭借创新获取持久成本优势。企业在计划或实施成本战略时，在获取持久低成本目标下，广泛开展创新活动，创新可以是渐进性的或突破性的，可以来自技术、设计、市场或组织。其次，创新型成本领先战略依托创新活动在保有成本优势下研发新产品，开拓新市场，使产品进入中高端市场，实现升级演化。传统型成本领先战略在进入高端市场时，在成本驱动因素无法继续获取成本下降时，企业采取降低产品质量的方式进行市场竞争，这会造成后期价格的下降，从而形成恶性循环，常常陷入降级演化困境。最后，以创新为向导，提升企业综合实力，从而提高企业的竞争力。

制造业可以借助最先进的技术，接受最先进的理念的，寻找出适合企业自身发展的全球化战略和运营模式，也能通过这样的平台开拓全球视野，熟悉和利用全球的资源，锻炼整合全球资源的能力，尤其是驾驭高技术、高科技人才、高端管理人员的能力，因此，组织应通过以下措施提升自身创新能力：

第一，提高关键核心技术的研发能力。我国很多生产技术并非是国内所研发的，而是从国外引进的，这不仅加大了我国制造业的成本，同时也使我国的制造业失去了技术优势。浙江大学管理学院对国内部分企业进行评估时发现，在规模较大企业中，能够钻研该行业核心技术的企业也只有寥寥数家，即使这几家企业，也主要以集成创新资源为主要研发活动。

第二，设计制造创新能力。设计创新能力不能完全以模仿西方为所谓的时尚，要在我国本地化基础上考虑产品市场范畴，不能有路径依赖。相关组织提前考虑构建设计创新平台，引导企业进行设计创新。如果组织不能拥有关键技术，同时不能进行设计创新，创新驱动型成本领先战略就无法实施。

此阶段的价值链活动主要是重构价值链，首先，做强制造链。制造链作为一个制造业最基本的活动链，其竞争力强弱可直接反映制造业水平的高低。目前，我国成本领先制造企业的制造链体系比较完善，在成本竞争、速度竞争和产品质量等方面占有一定优势，但很多企业缺少重视创新的价值链活动，忽略了创新链对制造业转型升级的重要性。其次，构建制造创新链。我国制造企业制造链规模大、质量高、体系完善，但创新能力不够强大，与国际先进制造企业相比，还存在一定的差距，所以，我国制造企业应利用其成本优势，基于制造链打造创新链，缩小与发达国家之间的差距，通过学习、引进、消化、吸收、再创新等方法进行制造链的升级。在国际发展新环境下，制造企业应主动参与全球价值链治理的国际分工，在保有成本优势下，进行匹配创新活动，促使制造链深度融合创新链，构建制造创新链。最后，构建创新方法链。企业制造创新活动中，各类创新活动有特定的创新方法与手段，这些方法与手段之间会存在内在的联系，企业需要梳理创新方法与手段，并进一步强化协同，构建创新方法链。这是制造企业升级发展进程中重点关注的价值链管理活动。总之，在完备制造链基础上，持久进行创新活动强化制造创新链，并重视创新方法间的关系，构建创新方法链，从而实现制造企业升级。

目前，创新驱动型成本领先战略在实施过程中依然存在一定的问题，主要表现制造业的技术创新方面。我国大部分制造业的核心技术是依赖进口，在技术创新方面达不到标准，创新驱动存在一些困难。另外，我国制造业技术创新体系尚未形成，这又成为制造业转型升级的一个障碍。政府支持技术创新的政策设计与企业支撑技术创新的资源和能力协调度低，国家科技创新平台对制造企业的产品支持力度低，制造企业共性技术平台搭建的建设力度与共享程度低，大型研发创新基地数量少。同时，传统型成本领先制造企业基于以往观念，对创新的重视程度不够，科技创新人才队伍建设与研发机构不完善，科研经费占比不高，企业科技创新能力不强[129]。这些现实问题迫切需要解决，只有从根源上解决了这些问题，创新驱动型成本领先战略才能得到有效实施。

5.1.4 三种战略比较分析

资源驱动型、效率驱动型以及创新驱动型这三种战略对应着企业不同的产品生命周期，每种战略在企业不同的阶段发挥着主导作用，从而促进企业不断演进，并永葆企业竞争优势。这三种战略的演化是一个由低级向高级递进的过程，因此，它们有着各自的特点以及优势，通过查阅大量相关资料，对这三种战略各自的特点、核心能力以及优势进行总结如表5.1所示。

表 5.1　　　　　　　　　　　三种战略比较分析

战略类型	特点	核心能力	优势
资源驱动型成本领先战略	以资源为核心，利用资源优势降低产品成本，从而占据市场份额	资源获取能力	(1) 廉价的资源降低了企业生产成本，丰富的要素资源以及劳动力资源降低了单位产品成本，使企业在成本面更具有弹性，从而获得成本优势。 (2) 生产工艺简单，资源驱动型成本领先战略不需要复杂的生产工艺，大多属于劳动密集型。 (3) 更灵活的处理购买商讨价还价的能力。 (4) 企业规模小，组织结构简单，降低了企业运营成本
效率驱动型成本领先战略	以效率为核心，不仅仅只提高生产效率，还应表现在运输效率、销售效率、使用效率等的一体化增长，通过办公自动化和信息化改造来提高效率，以及通过内部结构优化来提高管理效率和办事效率	学习和管理能力	(1) 建立系统设计业务流程，使整个流程紧密衔接，促使组织资源配置科学高效。 (2) 保证生产/业务流程的功能性优化，从而简化生产过程，达到作业方法的改善，实现结构优化。 (3) 借助信息化管理改革组织的管理模式和结构，进行高效、科学的组织流程再造，并把组织内外部价值链活动全面综合优化，构造价值链管理体系，提高价值链管理效率
创新驱动型成本领先战略	以技术创新为核心，致力于产品创新、设计创新、制造创新，创新驱动型成本领先战略是一项多主体参与、多要素互动的系统工程	创新能力	(1) 有利于提高企业核心竞争力，抵挡住现有竞争对手的挑战，从而占据市场优势。 (2) 有利于创新型人才的培养，在企业中营造出一种创新的氛围，树立企业志在创新的良好形象。 (3) 有利于整体推进创新服务体系的建设，完善技术市场、人才市场和信息市场等，形成有利于创新的市场体系结构。 (4) 有利于形成较高的行业进入壁垒，减少行业的新加入者，从而获取竞争优势

5.2　演化路径的关键点识别与突破策略

5.2.1　具体演化路径

由图 5.1 可以看出，成本领先战略的演化路径有三种基本情形，资源驱动型向效率驱动型演化，效率驱动型向创新驱动型演化，在特定条件下甚至可以是资源驱动型直接向创新驱动型演化。

第一条路径，成本领先战略由资源驱动型向效率驱动型演化。在低价生产要素资源获取成为成本优势的战略阶段，制造企业可以凭借要素禀赋，在人力资本、生产材料、土地使用等方面占据优势，以低成本方式制造产品，是一种初级粗放型模式。随着全球生产要素流动性增加，企业获取生产资源的成本差别在不断降低，特有的区域生产要素红利不断减弱，资源驱动型成本领先战略模式难以长期占优。此时，建立在要素质量增进基础之上的效率驱动便应运而生。在这个阶段，企业关注组织全部价值链活动中效率提升的途径，如科学管理、业务流程再造、信息化管理等，并将这些有效途径全面综合优化，不断提高价值链管理效率。

在企业实践中，成本领先战略往往是将低成本资源获取和效率提升同时进行，没有特别明晰的分隔界限。这里的讨论是基于何种方式占绝对主导而划分的，也便于理论探讨。

第二条路径，成本领先战略由效率驱动型向创新驱动型演化。企业效率提升一部分源于对生产要素的管理与重组，另一部分源于集中提升全要素生产率的科学技术创新行为。这些创新行为，可以是渐进创新或突破创新，自主创新或模仿创新，整合创新或协调创新等。随着创新元素的不断加入，企业整体效率通过技术优化不断向前沿面靠近，从非效率状态进入效率状态。另外，由于来源于生产要素管理与重组的效率提升越发艰难，企业更大程度上依靠创新活动提升效率，创新活动渐渐成为企业成本领先优势的主要驱动因素，竞争战略由效率驱动型转向创新驱动型。从某种程度上，组织效率追求成为创新驱动的必然。

在这两种转型路径中，效率驱动担任承上启下的联结作用。效率驱动一方面防止成本领先战略陷入"低成本陷阱"，另一方面为创新驱动创造条件、积蓄力量，实现升级演化。经过这两个转型，成本领先战略完成"资源驱动—效率驱动—创新驱动"的完整递进演化过程（李凌，2013）[130]。

第三条路径，成本领先战略由资源驱动型直接向创新驱动型演化。成本领先战略也可以跳过效率驱动型阶段，在条件满足时，直接从资源驱动型升级为创新驱动型。这需要企业持久的成本优势、迫切的创新动力、坚实的创新能力等基础。从企业实践看，这种跨越式转型案例较少。

5.2.2 演化关键点突破策略

成本领先战略的演化路径中有三个关键点,关键点 1 是资源驱动型成本领先战略与效率驱动型成本领先战略的交叉点;关键点 2 是效率驱动型成本领先战略与创新驱动型成本领先战略的交叉点;关键点 3 是资源驱动型成本领先战略与创新低成本战略的交叉点。

1. 关键点 1 突破策略

关键点 1 的突破策略可以从以下几个方面进行(如图 5.4 所示)。

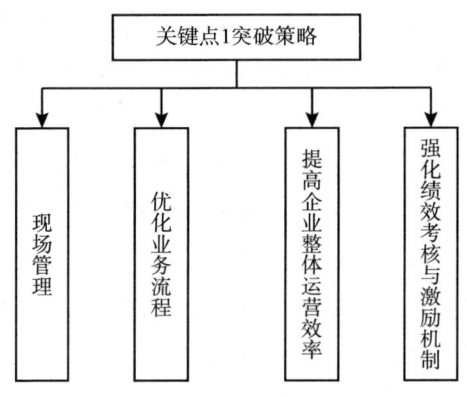

图 5.4　关键点 1 突破策略

第一,加强现场管理。通过科学的现场管理,提高生产设备的使用率,增强设备检修,减少产品的废品率,探寻业务流程存在的问题并进行优化,提高企业整体效率。

第二,优化业务流程。从企业业务流程着手,精简业务流程,再造业务流程,从而提高生产效率。

第三,提高企业整体运营效率。效率驱动型不能局限于生产效率的提高,还包括运输效率、管理效率等,从各个方面综合提高企业效率,实现资源驱动型向效率驱动型的转变。

第四,强化绩效考核与激励机制。激发员工工作积极性,可以做到机器设

第 5 章 创新型成本领先战略演化路径的理论模型建构

备高效运转，减少故障，提高效率。

2. 关键点 2 突破策略

关键点 2 的突破策略如图 5.5 所示。

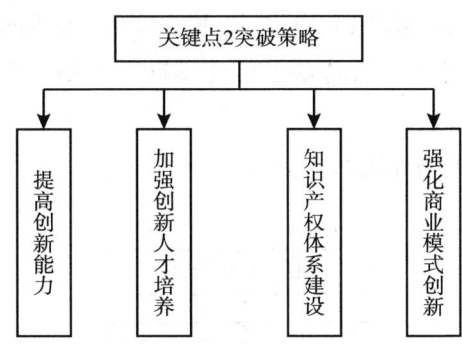

图 5.5 关键点 2 突破策略

第一，提高企业创新能力。从效率驱动到创新驱动，各种创新活动的基础是创新能力，企业创新能力培育是个长期过程，需要决策层高度重视，加大研发经费投入，完善科技创新平台建设和科技人才队伍建设，加强组织自主学习，创建组织创新氛围。

第二，加强创新人才培养。企业创新能力的核心保证是科研创新人才，科研创新人才队伍建设是重中之重。一方面企业要大力引进与企业高匹配的科技人才，另一方面要加大内部科技创新人才的培育，提高科技创新人才的待遇和价值感，真正做到重视科技人才。

第三，知识产权体系建设。企业尊重知识，认识到知识在创新管理中的重要作用，并积极保护相应的员工利益和企业利益，激发组织及员工进行知识积累的积极性。

第四，强化商业模式创新。科技创新成果经过产业化形成强大的商业价值，商业化的核心是价值创造。商业模式创新为社会提供全新的产品或服务、开创新的产业领域，或以前所未有的方式提供已有的产品或服务。商业模式创新是多种因素的组合创新，往往需要企业战略在较大范围和程度上进行调整，是一种更加系统和全面的变革，是一种集成创新。企业通过商业模式创新，可以提高创新能力，增加价值创造，实现创新驱动战略。

3. 关键点 3 突破策略

有些企业并没有经历效率驱动型这一阶段，而是直接从资源驱动型转变为创新驱动型，这需要对企业进行整体的变革，包括组织结构、管理方式、创新方法等，从而有一定实力且已具备了转变基础，否则，实现这一转变是很困难的。

关键点 3 的突破策略如图 5.6 所示。

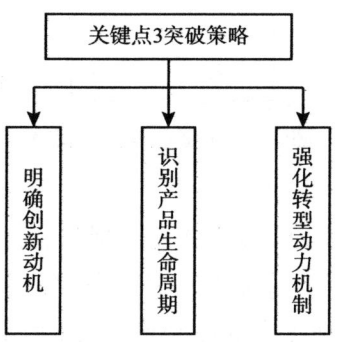

图 5.6　关键点 3 突破策略

创新驱动型成本领先战略中创新动机有三：本能动机、认知动机和行为动机，其中本能动机和行为动机对成本领先战略有显著影响。另外，企业需要从以下几个方面进行突破：第一，识别产业寿命周期，尽可能选择朝阳产业进行创新；第二，在转型升级路径上，进一步提升技术创新强度，从传统型成本领先战略向创新型成本领先战略转变，实现在新的产业市场中继续实施成本领先战略。第三，在转型动力机制上，一方面是在企业内部，提升高管团队创造型认知风格强度，在感知和处理信息时能够更具灵活性和创造性，同时提升主动创新动机的强度；另一方面是在企业外部，加强对企业高管团队创造型认知风格的形成、促进主动创新的正式制度的建设落实和非正式制度的培育，增强有利于企业主动创新的劳动制度、环境资源制度的建设和落实。

第 6 章 创新型成本领先战略演化路径的博弈模型研究

提雅吉（Tyagi，2001）提出的两阶段伯特兰德（Bertrand）竞争模型是国外早期讨论竞争战略的博弈模型[131]。但他的假设存在一些问题，推出差异化战略产品可以比成本领先战略产品定价低的结论，导致理论解释上的困难，不被学术界认可。后续对竞争战略的演化博弈分析文献非常稀少。

在国内，芮明杰等（2007）最早以鲍利（Bowley）需求函数为讨论基础，从经济学视角分析了有产品差异条件下的成本领先企业的静态库尔诺（Cournot）均衡博弈模型[132]。陈圻及其团队（2011、2015、2016、2019、2020）[89][72][133][75][73]展开了一系列相关博弈研究，是目前该领域比较集中的文献，分别涉及低成本创新的斯塔克博格（Stackelberg）模型、帕利普的纳什均衡检验、帕利普－莱特尔均衡假设检验、企业创新投入与产量决策动态博弈模型。

除此之外的相关文献，对竞争战略的博弈模型研究还是比较零散的，主要是借用产业组织模型。本部分将对竞争战略模型进行讨论。

6.1 成本领先战略模式演化的古诺模型

6.1.1 模型基本假设与构建

考虑市场上有三家企业生产同质产品，三家企业分别是资源驱动型、效率驱动型和创新驱动型企业。企业 1 的产量为 q_1，企业 2 的产量为 q_2，企业 3 的产量为 q_3。则总产量为 $Q = q_1 + q_2 + q_3$。设市场出清价格是市场总产量的函数

$p = p(Q) = \Phi - Q$，Φ 为市场潜在需求。各企业都无固定生产成本，且每增加一单位产量的边际成本相等，均为 c_0。三家企业各自对资源的获取能力、效率的提升以及创新的投入为 $I_i = B_i k_i^2 (i = 1, 2, 3)$，$B_i (i = 1, 2, 3)$ 为投资的规模参数，代表投资的难易程度，$k_i (i = 1, 2, 3)$ 为经过投资后对成本的降低程度 $(0 < k_i < 1)$。其中 $k_i = \sum_{i=1}^{3} x_i y_i, x = a, b, c; y = \beta, \gamma, \eta$。

$\beta_i, i = 1, 2, 3$ 分别代表企业 1 的资源获取能力、效率提升能力、创新能力；

$\gamma_i, i = 1, 2, 3$ 分别代表企业 2 的资源获取能力、效率提升能力、创新能力；

$\eta_i, i = 1, 2, 3$ 分别代表企业 3 的资源获取能力、效率提升能力、创新能力；

$a_i, i = 1, 2, 3$ 分别表示企业 1 经过资源驱动、效率驱动、科技创新驱动投资后的成本降低率；

$b_i, i = 1, 2, 3$ 分别表示企业 2 经过资源驱动、效率驱动、科技创新驱动投资后的成本降低率；

$c_i, i = 1, 2, 3$ 分别表示企业 3 经过资源驱动、效率驱动、科技创新驱动投资后的成本降低率。

此时，各企业的边际成本为 $c_i = c_0(1 - k_i)(i = 1, 2, 3)$。最后假设各企业同时进行决策，即它们在决策前都不知道其他企业的产量。该博弈中博弈方的得益是各自企业的利润，根据设定的情况，它们分别为：

$$u_1 = q_1 p(Q) - c_1 q_1 - B_1 k_1^2 = q_1[\Phi - q_1 - q_2 - q_3 - c_0(1 - k_1)] - B_1 k_1^2 \quad (6.1)$$

$$u_2 = q_2 p(Q) - c_2 q_2 - B_2 k_2^2 = q_2[\Phi - q_1 - q_2 - q_3 - c_0(1 - k_2)] - B_2 k_2^2 \quad (6.2)$$

$$u_3 = q_3 p(Q) - c_3 q_3 - B_3 k_3^2 = q_3[\Phi - q_1 - q_2 - q_3 - c_0(1 - k_3)] - B_3 k_3^2 \quad (6.3)$$

6.1.2 模型演化条件

从式（6.1）、式（6.2）、式（6.3）可以看出，各博弈方的收益都取决于其他企业的策略（产量），只要三个博弈方的一个策略组合 $(\hat{q}_1, \hat{q}_2, \hat{q}_3)$ 满足均为对方策略的最佳对策这个条件，就构成一个纳什均衡。分别对上面三式各自对 q_1, q_2, q_3 求导可得：

$$q_1 = \frac{1}{2}[\Phi - q_2 - q_3 - c_0(1 - k_1)] \quad (6.4)$$

$$q_2 = \frac{1}{2}[\Phi - q_1 - q_3 - c_0(1-k_2)] \tag{6.5}$$

$$q_3 = \frac{1}{2}[\Phi - q_1 - q_2 - c_0(1-k_3)] \tag{6.6}$$

联立此三式可解得：

$$\hat{q}_1 = \frac{\Phi - 3c_0(1-k_1) + c_0(1-k_2) + c_0(1-k_3)}{4} \tag{6.7}$$

$$\hat{q}_2 = \frac{\Phi - 3c_0(1-k_2) + c_0(1-k_1) + c_0(1-k_3)}{4} \tag{6.8}$$

$$\hat{q}_3 = \frac{\Phi - 3c_0(1-k_3) + c_0(1-k_1) + c_0(1-k_2)}{4} \tag{6.9}$$

因此，策略组合 $(\hat{q}_1, \hat{q}_2, \hat{q}_3)$ 是本博弈唯一的纳什均衡，也是本博弈的结果。将均衡产量代入式（6.1）、式（6.2）、式（6.3）可得均衡收益：

$$\hat{u}_1 = \hat{q}_1[\Phi - \hat{q}_1 - \hat{q}_2 - \hat{q}_3 - c_0(1-k_1)] - B_1 k_1^2 = \hat{q}_1^2 - B_1 k_1^2 \tag{6.10}$$

$$u_2 = \hat{q}_2[\Phi - \hat{q}_1 - \hat{q}_2 - \hat{q}_3 - c_0(1-k_2)] - B_2 k_2^2 = \hat{q}_2^2 - B_2 k_2^2 \tag{6.11}$$

$$u_3 = \hat{q}_3[\Phi - \hat{q}_1 - \hat{q}_2 - \hat{q}_3 - c_0(1-k_3)] - B_3 k_3^2 = \hat{q}_3^2 - B_3 k_3^2 \tag{6.12}$$

（1）当 $(k_1 - k_2)[\Phi + c_0(k_1 + k_2 - k_3 - 1)] + 2B_2 k_2^2 - 2B_1 k_1^2 > 0$ 时，$\hat{u}_1 > \hat{u}_2$，此时资源驱动型企业的均衡收益大于效率驱动型企业；反之，$\hat{u}_1 < \hat{u}_2$，即资源驱动型企业的均衡收益小于效率驱动型企业。

（2）当 $(k_2 - k_3)[\Phi + c_0(k_2 + k_3 - k_1 - 1)] + 2B_3 k_3^2 - 2B_2 k_2^2 > 0$ 时，$\hat{u}_2 > \hat{u}_3$，此时效率驱动型企业的均衡收益大于创新驱动型企业；反之，$\hat{u}_2 < \hat{u}_3$，即效率驱动型企业的均衡收益小于创新驱动型企业。

（3）当 $(k_1 - k_3)[\Phi + c_0(k_1 + k_3 - k_2 - 1)] + 2B_3 k_3^2 - 2B_1 k_1^2 > 0$ 时，$\hat{u}_1 > \hat{u}_3$，此时资源驱动型企业的均衡收益大于创新驱动型企业；反之，$\hat{u}_1 < \hat{u}_3$，此时资源驱动型企业的均衡收益小于创新驱动型企业。

6.2 企业低成本创新投入的演化博弈模型

6.2.1 假设与模型建立

本研究考虑两种类型的企业，每次随机从这两个群体中各选出一家进行产品创新投入博弈。企业1和企业2都是有限理性的，很难在一次决策中作出最优选择，它们通过不断调整和改进策略直到达到演化稳定策略为止。企业1（S）和企业2（M）的行为策略空间为进行创新投入、不进行创新投入，简记为 Y、N。相关假设如下：

（1）消费者是理性的，并愿意为创新产品支付更高价格；

（2）若企业1和企业2都不进行产品的创新投入，则它们提供的产品均为普通产品，此时它们获得正常收益为 v_s 和 v_m，其中 $v_s > 0$，$v_m > 0$；

（3）当只有企业1进行创新投入时，此时消费者也愿意支付高于普通产品的价格来购买它的产品，企业1的收益为 $(1+\alpha_0)v_s - c_s$，其中 α_0 为企业1进行创新投入给其带来的收益增加比率。c_s 为企业1的创新投入，此时企业2不进行创新投入，其收益为 v_m；

（4）当只有企业2进行创新投入时，此时消费者也愿意支付高于普通产品的价格来购买它的产品，企业2的收益为 $(1+\beta_0)v_m - c_m$，其中 β_0 为企业2进行创新投入给其带来的收益增加比率。c_m 为企业2的创新投入，此时企业1不进行创新投入，其收益为 v_s。

根据以上假设，建立创新投入博弈的支付矩阵，如表6.1所示。

表 6.1　　　　　　　　创新投入博弈的支付矩阵

企业1	企业2	
	进行创新投入（Y）	不进行创新投入（N）
进行创新投入（Y）	$(1+\alpha_0)v_s - c_s$，$(1+\beta_0)v_m - c_m$	$(1+\alpha_0)v_s - c_s$，v_m
不进行创新投入（N）	v_s，$(1+\beta_0)v_m - c_m$	v_s，v_m

6.2.2　演化博弈模型的求解

1. 演化过程的平衡点

假设在企业1群体中，采取创新投入的比例为 $x(0 < x < 1)$，则采取不创

新的比例为 $1-x$；同时在企业 2 群体中，采取创新投入的比例为 $y(0<y<1)$，则采取不创新的比例为 $1-y$。对于企业 1 来说，进行创新投入和不进行创新投入的期望收益分别为：

$$E_{1Y} = y[(1+\alpha_0)v_s - c_s] + (1-y)[(1+\alpha_0)v_s - c_s] \quad (6.13)$$

$$E_{1N} = yv_s + (1-y)v_s \quad (6.14)$$

平均期望收益为：$\bar{E}_1 = xE_{1Y} + (1-x)E_{1N} \quad (6.15)$

对于制造商来说，进行创新投入和不进行创新投入的期望收益分别为：

$$E_{2Y} = x[(1+\beta_0)v_m - c_m] + (1-x)[(1+\beta_0)v_m - c_m] \quad (6.16)$$

$$E_{2N} = xv_m + (1-x)v_m \quad (6.17)$$

平均期望收益为：$\bar{E}_2 = yE_{2Y} + (1-y)E_{2N} \quad (6.18)$

由演化博弈的复制动态公式可得供应商和制造商的复制动态方程为：

$$S(t) = \frac{dx}{dt} = x(E_{1Y} - \bar{E}_1) = x(1-x)(\alpha_0 v_s - c_s) \quad (6.19)$$

$$M(t) = \frac{dy}{dt} = y(E_{2Y} - \bar{E}_2) = y(1-y)(\beta_0 v_m - c_m) \quad (6.20)$$

联立式（6.19）和式（6.20）可得到一个动力系统（I）：

$$\begin{cases} \dfrac{dx}{dt} = x(1-x)(\alpha_0 v_s - c_s) \\ \dfrac{dy}{dt} = y(1-y)(\beta_0 v_m - c_m) \end{cases} \quad (6.21)$$

定理 1：该系统的平衡点为 $(0,0)$、$(0,1)$、$(1,0)$、$(1,1)$。

证明：对于式（6.21），分别令 $\dfrac{dx}{dt}=0$，$\dfrac{dy}{dt}=0$，可得 $x=0,1$，$y=0,1$，即 $(0,0)$、$(0,1)$、$(1,0)$、$(1,1)$ 为该系统的平衡点。

2. 平衡点的稳定性分析

对式（6.21）分别求 x 和 y 的偏导数，可得

$$J = \begin{bmatrix} \dfrac{\partial X}{\partial x}, & \dfrac{\partial X}{\partial y} \\ \dfrac{\partial Y}{\partial x}, & \dfrac{\partial Y}{\partial y} \end{bmatrix} = \begin{bmatrix} a_{11} & a_{12} \\ a_{21} & a_{22} \end{bmatrix} \quad (6.22)$$

其中，$a_{11}=(1-2x)(\alpha_0 v_s-c_s)$，$a_{12}=0$，$a_{21}=0$，$a_{22}=(1-2y)(\beta_0 v_m-c_m)$。

当迹的值 $a_{11}+a_{22}<0$，行列式的值 $a_{11}a_{22}-a_{12}a_{21}>0$，复制动态的平衡点就是演化稳定策略（ESS）。

3. 数值仿真

由于在现实市场中，各企业之间的信息是不完全公开的，并且为了决策的合理性，各企业决策者会对竞争对手的决策以及对未来市场的预测进行综合考虑，因此决策变量就会产生时滞性，基于式（6.21）得到式（6.23），所以本研究基于 MATLAB，通过数值模拟来分析决策变量的时滞性对企业系统稳定性的影响。

$$\begin{cases}\dfrac{dx}{dt}=x(t-\tau)[1-x(t-\tau)](\alpha_0 v_s-c_s)\\ \dfrac{dy}{dt}=y(t-\tau)[1-y(t-\tau)](\beta_0 v_m-c_m)\end{cases} \quad (6.23)$$

令 $\alpha_0=\beta_0=0.3$，$v_s=v_m=5$，$c_s=c_m=1$，可得到当时滞过大时与时滞在很小范围内时的图形是完全不一样的，如图 6.1 和图 6.2 所示。

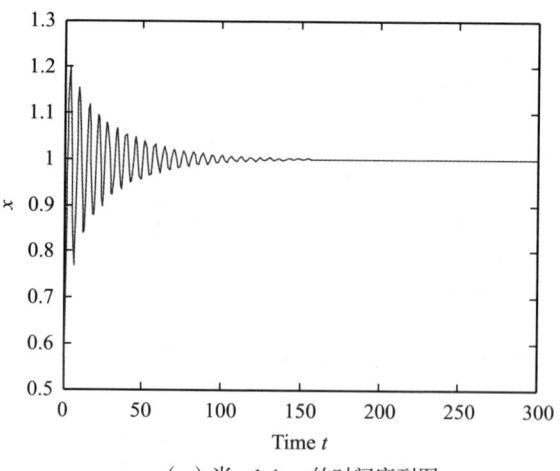

（a）当 $\tau=1.4$，x 的时间序列图

第 6 章 创新型成本领先战略演化路径的博弈模型研究

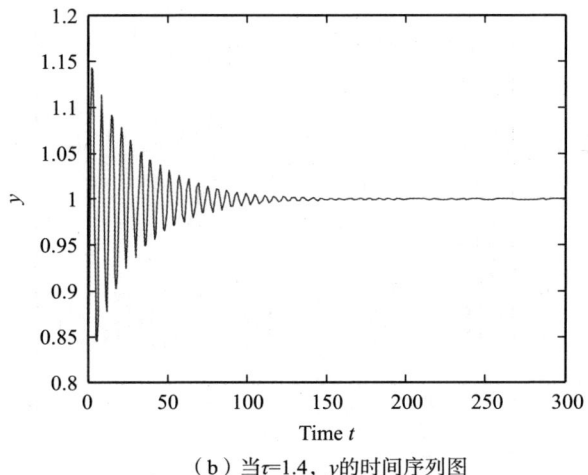

（b）当$\tau=1.4$，y的时间序列图

图 6.1 合适时滞对演化稳定性的影响

如图 6.1（a）与图 6.1（b）所示，当 $\tau=1.4$ 时，两家企业关于创新投入的比例均在平衡点（1，1）处渐进稳定，即合适的时滞期对企业的决策没有不利影响，反而使企业有一定的缓冲期，会起到一定的促进作用。这是因为合适的时滞期会让企业收集到更多有利于决策的信息，从而使企业在恰当的时机作出合适的决策。

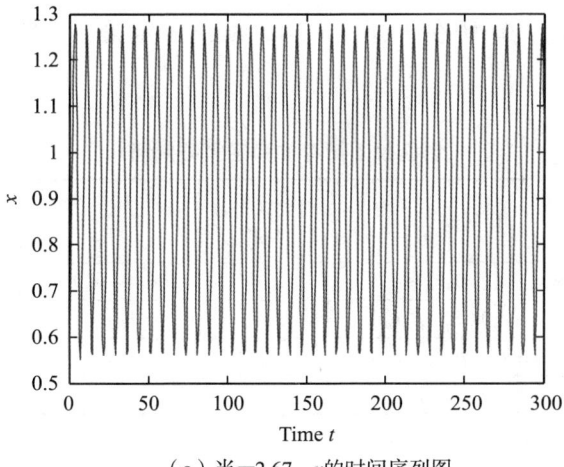

（a）当$\tau=2.67$，x的时间序列图

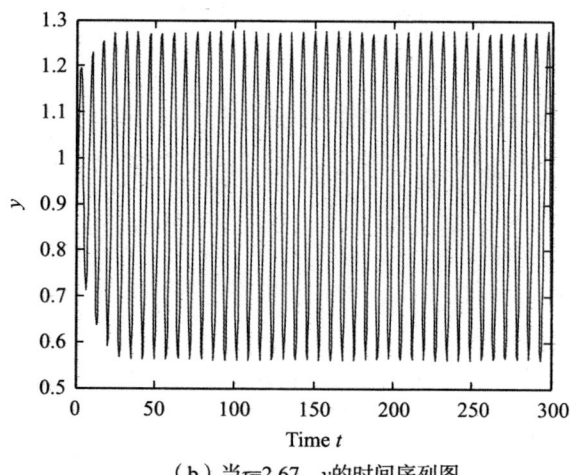

（b）当$\tau=2.67$，y的时间序列图

图 6.2 过长时滞对演化稳定性的影响

如图 6.2（a）与图 6.2（b）所示，当 $\tau = 2.67$，两家企业关于创新投入的比例在平衡点（1，1）处失去了稳定性，出现了 Hopf 分岔，即过长的延迟期会导致企业系统失去稳定，从而使企业无法掌控系统的发展与走向，不利于企业的稳定发展以及获得最大利润。

综上所述，当企业在进行重大决策时，合适的时滞并不会对企业造成不良影响，过大的时滞会使得决策者无法对企业的发展做出准确的判断，反而使企业系统失去稳定。

定理 2：当 α_0，β_0 所在不同区间时，演化稳定策略也将发生改变，如表 6.2 所示。

表 6.2 创新投入博弈的稳定策略判断

平衡点	行列式	行列式符号判断	迹	迹的符号判断
$X=0$, $y=0$	$(\alpha_0 v_s - c_s)(\beta_0 v_m - c_m)$	+	$(\alpha_0 v_s - c_s) + (\beta_0 v_m - c_m)$	−
$X=0$, $y=1$	$(\alpha_0 v_s - c_s)(c_m - \beta_0 v_m)$	+	$(\alpha_0 v_s - c_s) + (c_m - \beta_0 v_m)$	−
$X=1$, $y=0$	$(c_s - \alpha_0 v_s)(\beta_0 v_m - c_m)$	+	$(c_s - \alpha_0 v_s) + (\beta_0 v_m - c_m)$	−
$X=1$, $y=1$	$(c_s - \alpha_0 v_s)(c_m - \beta_0 v_m)$	+	$(c_s - \alpha_0 v_s) + (c_m - \beta_0 v_m)$	−

（1）在平衡点（0，0）处，当 $0 < \alpha_0 < \dfrac{c_s}{v_s}$、$0 < \beta_0 < \dfrac{c_m}{v_m}$ 时，行列式值为正，

迹的值为负，系统（I）的演化稳定策略（ESS）为（N, N）。即当企业 1 和企业 2 的创新投入收益比都比较小时，它们都不会选择创新投入为演化稳定策略。

（2）在平衡点（0, 1）处，当 $0 < \alpha_0 < \dfrac{c_s}{v_s}$、$\dfrac{c_m}{v_m} < \beta_0 < 1$ 时，行列式值为正，迹的值为负，系统（I）的演化稳定策略（ESS）为（N, Y）。即当企业 1 的创新投入收益比不变，企业 2 的创新投入收益比增加时，企业 1 不进行创新投入，而企业 2 进行创新投入为演化稳定策略。

（3）在平衡点（1, 0）处，当 $\dfrac{c_s}{v_s} < \alpha_0 < 1$、$0 < \beta_0 < \dfrac{c_m}{v_m}$ 时，行列式值为正，迹的值为负，系统（I）的演化稳定策略（ESS）为（Y, N）。企业 1 进行创新投入的收益大于其付出的成本，企业 2 进行创新投入的收益小于其付出的成本，企业 2 不会进行创新投入。

（4）在平衡点（1, 1）处，当 $\dfrac{c_s}{v_s} < \alpha_0 < 1$ 且 $\dfrac{c_m}{v_m} < \beta_0 < 1$ 时，行列式值为正，迹的值为负，系统（I）的演化稳定策略（ESS）为（Y, Y）。即当企业 1 和企业 2 的创新投入收益比都较大时，它们都进行创新投入为演化稳定策略。

证明：根据矩阵 J 在各个平衡点迹的值和行列式的值，可判断演化稳定策略。

通过演化博弈研究企业 1 和企业 2 的创新投入策略，结果表明，企业的策略选择与其创新投入收益比密切相关。随着 α_0、β_0 所在不同区间变化时，会出现（不进行创新投入，不进行创新投入），（不进行创新投入，进行创新投入），（进行创新投入，不进行创新投入），（进行创新投入，进行创新投入）四种情形。

6.3 创新型成本领先战略演化路径研究

6.3.1 模型构建与符号说明

前文基于企业竞争战略理论、动态能力理论以及价值链理论，从核心能力、价值链活动范围两个维度对成本领先战略阶段进行划分，对各个阶段的要素特征进行分析，包括各阶段的核心能力确定、价值链活动范围转换、演化动力及限制因素等。本部分基于前文的理论分析，构建成本领先战略演进路径的升级条件与突破策略。假设有三个企业，这三个企业分别代表处于资源驱动型、效率驱动型、创新驱动型阶段的企业。

相关符号说明如下：

Φ 表示市场潜在需求；$q_i(i=1,2,3)$ 表示三个企业各自的产量；c_0 表示单位产量的边际成本；A_i，$i=1,2,3$ 分别代表企业 1 的资源驱动、效率驱动、科技创新驱动的成本系数；B_i，$i=1,2,3$ 分别代表企业 2 的资源驱动、效率驱动、科技创新驱动的成本系数；C_i，$i=1,2,3$ 分别代表企业 3 的资源驱动、效率驱动、科技创新驱动的成本系数。

6.3.2 各成本领先战略的要素特征

结合文献资料和专家访谈，依据全球化产业转移规律和产品寿命周期贸易理论，通过对我国制造企业典型案例分析，归纳出成本领先战略的三种模式：资源驱动型、效率驱动型和创新驱动型成本领先战略，给出创新型成本领先战略的界定，分析其特征，为后续研究建立分析的基础概念。

资源驱动型、效率驱动型和创新驱动型成本领先战略是相互包含的关系，其中资源驱动型战略模式中也会有效率驱动和创新驱动因素，但是资源驱动因素占绝大部分，同样的效率驱动型战略模式中也包含资源驱动因素和创新驱动因素，但是效率驱动因素占绝大部分。

资源驱动型战略模式与另外两个战略模式的不同之处在于它的不持久性。毕竟有些工业资源是属于不可再生资源，以及随着我国经济的发展，人们对环境的保护越来越重视，所以资源驱动型战略模式会逐渐被社会所淘汰。效率驱动型战略模式可能也会含有创新驱动因素，但创新驱动因素仅仅为次要的驱动因素，所占比例不是很多，并且效率驱动型战略模式大多数以工艺、流程、市场的管理以及工人的工作方式作为创新着手点，可能会掺杂一些产品简化创新，但缺乏产品升级创新，特别是缺少突破性的技术创新和重大经营模式创新。

6.3.3 各成本领先战略的识别与演化路径分析

因为在产业升级的不同阶段，产业的驱动因素的分布情况也是大不相同的，

第6章 创新型成本领先战略演化路径的博弈模型研究

本研究将对我国产业结构升级的驱动因素进行阶段性分析，分析不同阶段下，各驱动因素的表现状况，找出其中起到关键作用的驱动因素。基于已有研究，本研究提出用比例法来对低成本的演化路径进行界定。理论模型的设想如图5.1所示。

各自企业的利润表达式如下：

$$u_1 = q_1 p(Q) - c_1 q_1 - B_1 k_1^2$$
$$= q_1 [\Phi - q_1 - q_2 - q_3 - c_0(1 - \beta_1 - \beta_2 - \beta_3)] - A_1 \beta_1^2 - A_2 \beta_2^2 - A_3 \beta_3^2 \quad (6.24)$$

$$u_2 = q_2 p(Q) - c_2 q_2 - B_2 k_2^2$$
$$= q_2 [\Phi - q_1 - q_2 - q_3 - c_0(1 - \gamma_1 - \gamma_2 - \gamma_3)] - B_1 \gamma_1^2 - B_2 \gamma_2^2 - B_3 \gamma_3^2 \quad (6.25)$$

$$u_3 = q_3 p(Q) - c_3 q_3 - B_3 k_3^2$$
$$= q_3 [\Phi - q_1 - q_2 - q_3 - c_0(1 - \eta_1 - \eta_2 - \eta_3)] - C_1 \eta_1^2 - C_2 \eta_2^2 - C_3 \eta_3^2 \quad (6.26)$$

如图5.1所示，RDM阶段是指产业主要依靠资源来推动发展，EDM阶段指的是产业主要依靠提高效率来推动发展，IDM阶段指的是产业主要依靠创新来推动发展。关键点1指的是资源驱动型战略模式下企业利润与效率驱动型战略模式下企业利润相等。通过联立方程组：

$$\begin{cases} \dfrac{\partial(u_1 - u_2)}{\partial \beta_1} = 0 \\ \dfrac{\partial(u_1 - u_2)}{\partial \beta_2} = 0, \\ \dfrac{\partial(u_1 - u_2)}{\partial \beta_3} = 0 \end{cases} \begin{cases} \dfrac{\partial(u_1 - u_2)}{\partial \gamma_1} = 0 \\ \dfrac{\partial(u_1 - u_2)}{\partial \gamma_2} = 0, \\ \dfrac{\partial(u_1 - u_2)}{\partial \gamma_3} = 0 \end{cases}$$

可计算出资源驱动型战略模式下和效率驱动型战略模式下的各自经过资源驱动创新、效率驱动创新、科技驱动创新后的创新水平：

$$\begin{cases} \beta_1 = \dfrac{q_1 c_0}{2A_1} \\ \beta_1 = \dfrac{q_1 c_0}{2A_2}, \\ \beta_1 = \dfrac{q_1 c_0}{2A_3} \end{cases} \begin{cases} \gamma_1 = \dfrac{q_2 c_0}{2B_1} \\ \gamma_2 = \dfrac{q_2 c_0}{2B_2}, \\ \gamma_3 = \dfrac{q_2 c_0}{2B_3} \end{cases} \text{且此时} \dfrac{\beta_1}{\beta_1 + \beta_2 + \beta_3} = \dfrac{\gamma_2}{\gamma_1 + \gamma_2 + \gamma_3} 。$$

当 $\dfrac{\beta_1}{\beta_1 + \beta_2 + \beta_3} > \dfrac{\gamma_2}{\gamma_1 + \gamma_2 + \gamma_3}$ 时，此时企业的资源投入比例要大于效率创新

投入比例,说明企业处于资源驱动型战略模式;

当 $\dfrac{\beta_1}{\beta_1+\beta_2+\beta_3} < \dfrac{\gamma_2}{\gamma_1+\gamma_2+\gamma_3}$ 时,此时企业的资源投入比例要小于效率创新投入比例,说明企业放弃资源驱动型战略模式,而采用效率驱动型战略模式。

同理,关键点2指的是效率驱动战略模式与创新驱动战略模式利润相等。

通过联立方程组 $\begin{cases} \dfrac{\partial(u_2-u_3)}{\partial \gamma_1}=0 \\ \dfrac{\partial(u_2-u_3)}{\partial \gamma_2}=0, \\ \dfrac{\partial(u_2-u_3)}{\partial \gamma_3}=0 \end{cases} \begin{cases} \dfrac{\partial(u_2-u_3)}{\partial \eta_1}=0 \\ \dfrac{\partial(u_2-u_3)}{\partial \eta_2}=0, \\ \dfrac{\partial(u_2-u_3)}{\partial \eta_3}=0 \end{cases}$

可计算出效率驱动型战略模式下和创新驱动型战略模式下的各自经过资源驱动创新、效率驱动创新、科技驱动创新后的创新水平:$\begin{cases} \gamma_1=\dfrac{q_2 c_0}{2B_1} \\ \gamma_2=\dfrac{q_2 c_0}{2B_2}, \\ \gamma_3=\dfrac{q_2 c_0}{2B_3} \end{cases} \begin{cases} \eta_1=\dfrac{q_3 c_0}{2C_1} \\ \eta_2=\dfrac{q_3 c_0}{2C_2}, \\ \eta_3=\dfrac{q_3 c_0}{2C_3} \end{cases}$

并且 $\dfrac{\gamma_2}{\gamma_1+\gamma_2+\gamma_3}=\dfrac{\eta_3}{\eta_1+\eta_2+\eta_3}$。

当 $\dfrac{\gamma_2}{\gamma_1+\gamma_2+\gamma_3} > \dfrac{\eta_3}{\eta_1+\eta_2+\eta_3}$,此时企业的效率创新投入比例要大于科技创新投入比例,说明企业处于效率创新驱动型战略模式;

当 $\dfrac{\gamma_2}{\gamma_1+\gamma_2+\gamma_3} < \dfrac{\eta_3}{\eta_1+\eta_2+\eta_3}$,此时企业的效率创新投入比例要小于科技创新投入比例,说明企业处于科技创新驱动型战略模式。

同理关键点3是资源驱动战略模式与创新驱动战略模式利润相等时的点,这是因为科技创新的前期往往需要投入大量的人力、物力、财力,成本是比较高的,在初期出现利润与资源驱动模战略模式下的利润相等是有可能的。通过

第6章 创新型成本领先战略演化路径的博弈模型研究

联立方程组 $\begin{cases}\dfrac{\partial(u_1-u_3)}{\partial\beta_1}=0\\ \dfrac{\partial(u_1-u_3)}{\partial\beta_2}=0,\\ \dfrac{\partial(u_1-u_3)}{\partial\beta_3}=0\end{cases}\begin{cases}\dfrac{\partial(u_1-u_3)}{\partial\eta_1}=0\\ \dfrac{\partial(u_1-u_3)}{\partial\eta_2}=0,\\ \dfrac{\partial(u_1-u_3)}{\partial\eta_3}=0\end{cases}$

可计算出效率驱动型战略模式下和创新驱动型战略模式下的各自经过资源驱动创新、效率驱动创新、科技驱动创新后的创新水平:$\begin{cases}\beta_1=\dfrac{q_1c_0}{2A_1}\\ \beta_2=\dfrac{q_1c_0}{2A_2},\\ \beta_3=\dfrac{q_1c_0}{2A_3}\end{cases}\begin{cases}\eta_1=\dfrac{q_3c_0}{2C_1}\\ \eta_2=\dfrac{q_3c_0}{2C_2},\\ \eta_3=\dfrac{q_3c_0}{2C_3}\end{cases}$

并且 $\dfrac{\beta_2}{\beta_1+\beta_2+\beta_3}=\dfrac{\eta_3}{\eta_1+\eta_2+\eta_3}$。

当 $\dfrac{\beta_2}{\beta_1+\beta_2+\beta_3}>\dfrac{\eta_3}{\eta_1+\eta_2+\eta_3}$,此时企业的资源投入比例要大于科技创新投入比例,说明企业实施资源驱动型战略模式;

当 $\dfrac{\beta_2}{\beta_1+\beta_2+\beta_3}<\dfrac{\eta_3}{\eta_1+\eta_2+\eta_3}$,此时企业的资源投入比例要小于科技创新投入比例,说明企业实施科技创新驱动型战略模式。

第 7 章 创新型成本领先战略演化路径的案例研究

本部分基于已识别的我国制造业创新型成本领先上市公司，选择典型企业进行案例研究。由于发展中国家工业化过程中面临迅速变化的产业环境，成本领先战略经变异、选择，在企业惯例延续的条件下实现向创新型模式演化，本部分分析不同演化路径的关键影响因素、内部条件和外部时机。

7.1 中集集团创新型成本领先战略升级演化路径

7.1.1 中集集团发展阶段

中国国际海运集装箱（集团）股份有限公司（以下简称"中集集团"），是全球领先的物流及能源行业设备及解决方案供应商，目前主要从事集装箱、道路运输车辆、能源、化工、液态食品装备、海洋工程装备、空港装备的制造及服务业务。中集集团于 1980 年 1 月在深圳创设，由招商局与丹麦宝隆洋行合资成立。1994 年公司在深圳证券交易所上市，2012 年 12 月在香港联交所上市，目前是 A+H 股公众上市公司，主要股东包括招商局集团、中国远洋海运集团和弘毅投资等。创立之初即具有先进的公司治理结构，由于长期以来保持着对技术创新和管理创新的不懈追求，使其在全球多个行业快速成长并逐渐成为占据领先地位的企业。2019 年，通过 6 万多名优秀中集员工的努力奋斗，在激烈的国际竞争中，创造了 858.15 亿元的销售额，实现净利润达 12.42 亿元。

40 多年来，中集集团根据内外部资源环境，经过四次大战略转变，逐渐形成并巩固了自身的行业领导者地位。

1. 储力发展阶段（1980~1992年）——凭借低生产成本优势赢得生存

中集集团成立之初，受国际市场产品需求小和文化背景差异的影响，集团经营困难，甚至接近倒闭。1987年，中集集团进行股份制改革，引入中远集团，缓解了中集资金短缺的现状，并开始以集装箱为主营业务参与国际竞争。此时，集装箱市场韩日企业抢先占据优势，竞争十分激烈，行业利润较低。面对严峻的国际竞争形势，中集集团认真分析内部资源优势和核心能力，将集装箱业务圈定于标准集装箱生产。标准集装箱生产需要较低的技术创新，标准化生产能够充分发挥成本领先战略的优势。凭借当时我国低价劳动力和低成本制造，中集集团以标准化集装箱为切入点，积极开拓市场，顽强生存下来，并进入迅速扩张阶段（郑刚等，2008）[134]。

2. 强势扩张阶段（1993~2004年）——依托"低成本并购"快速实现规模扩张

有赖于明显的相对生产成本优势，我国制造业迅速崛起，全球很多行业生产制造活动向我国转移。中集集团捕捉到集装箱制造在我国发展的机遇，于1992开始战略布局。在此后几年，集团通过建厂、收购、兼并等方式，在我国沿海区域建立了十几个集装箱生产基地，形成了沿海港口接近全包含的布局体系。在此扩张过程中，中集集团各个生产基地紧邻港口，贴近市场，从而运输成本低；并且国内劳动力低价，使生产成本低；不断扩张的企业规模，也可获得规模优势，进而转化为成本优势；即使收购兼并其他集装箱生产企业，也以低成本方式实现。因此，中集集团的低成本优势明显，销售量迅速提高，1996年实现集装箱产销量全球第一。在此基础上，中集集团思考集装箱相关中高端市场，逐步加大对冷藏集装箱和特种集装箱的研发生产，2001年就拥有了全球第一的市场份额，这是成本领先范围经济的体现。

3. 全球化运营阶段（2005~2010年）——依托开放式自主创新和全面成本领先打造世界级"全能冠军"

随着我国生产要素成本优势的不断弱化、全球生产规模的限制导致规模优势的弱化，中集集团原有的成本领先优势不能保证其在国际市场竞争中拥有超然地位，中集集团开始思考新的业务增长点。2005年，中集集团提出建立"全球化营运体系以中国优势为基础"的全面成本领先计划和战略。在这个战略框架下，中集集团要求通过整合价值链活动全过程，以低成本竞争战略为基本出发点，依托开放式自主创新，研发新产品和优质产品，在保有原产品市场的基础上开拓新市场，使产品进入高端市场，并保持持久成本优势，充分显示出强大的国际竞争力。2008年1月18日，集团年度工作会正式提出了"中集精益ONE模式"的设想，意为继续改善、永无止境，它符合PDCA管理逻辑和全员参与的经营理念，由众多管理子系统、评价标准、思想理论、方法论和先锋人群组成，为中集集团实现"世界级企业"目标打下坚实的基础。

4. 分层管理与更完善的多元化阶段（2011年至今）——依靠更高起点的创新打造南方梦工厂

2011年，中集集团子公司南方中集建造了一条当时全世界最先进的集装箱生产线，这是中集集团集装箱制造人智慧与志向的结晶，故称之为"梦工厂"。"梦工厂"包括了环保化、自动化、智能化的中心，学习了汽车领域的制造技术，并将其精益生产、产业工程的发展理念应用到实践，使劳动强度大大下降，占地面积相同的情况下产能上升了50%，单箱电耗降低了20%，天拿水95%以上被接收并可以反复利用。2014年8月21日，中集集团及旗下深圳中集天达空港设备有限公司在新加坡证券交易所举办了对新加坡德利国际的反向收购典礼。中集天达海外成功上市，并一举成为中集集团旗下第二家上市公司。

中集集团一贯非常重视成本领先战略，现在已将创新性成本领先战略纳入有效的管理规划之中。这是在国际分工新形势下，中集集团在通过不断创新并占有比较成本优势的扩张过程中提出并实施的战略。尽管中集集团建设初期凭借低价劳动力和低成本制造参与国际竞争并站稳脚跟，但由于生产要素资源的比较成本优势逐渐丧失，中集集团加强组织内部创新，以持续性创新为市场提供高质低价产品，在保有低成本优势的基础上，不断开拓市场，推动产品升级，成为全球行业领导者。

从中集集团的发展历程中可以探寻成本领先战略的特点和企业的创新战

略，了解企业如何通过效率驱动向创新驱动升级，获得竞争优势。

7.1.2 中集集团的创新驱动管理

中集集团创新型文化的主要思想：每个人都是创新者。中集集团一贯将"一直为客户创造价值和财富"作为组织建设的保障条件。中集集团的创新文化中，创新活动可以是自主创新或渐进创新，并且包容失败。创新管理是系统性工程，包含了结构创新、人才创新、管理创新、技术创新。关于中集集团的创新方式，技术创新应是其核心的创新要素，依靠知识和人才，通过结构创新、管理创新等其他的创新方式来实现优化升级、高端化成长的创新体系。

第一，通过结构创新带动创新技术发展。中集集团停止生产集装箱，转产钢结构加工，工厂首先由丹麦宝隆洋行负责，因为全球航运业大面积陷入衰败及公司内部的一些文化冲突，1982年中集集团在投产后一直亏本，至1986年濒临倒闭，然后董事会做出"内部清盘"的决策，让管理和技术骨干保留了下来，停止生产集装箱，转产钢结构加工。丹麦宝隆洋行逐渐失去公司经营管理权，转由当地招商局负责经营管理。几乎接近倒闭的经历使中集集团对市场经济有了深刻的了解，转产后对市场的积极适应和奋力拼搏也激起中集集团"自强不息"的企业文化理念，这种文化成为一种强大的精神力量，支撑着中集集团不断发展与进步。

第二，以人才创新驱动企业创新发展。驱动中集集团不断发展的关键力量在于自主技术的不断创新，而创新技术的产生离不开源源不断的各类创新人才的供应。为此，中集集团建立校企合作、产学研联合的长效机制。中集集团要长期保持持续性的增长趋势，非常迫切需要制造业与国内外高等教育机构及科研院所创建长效的协作机制，将其产业成长融入我国高等教育人才培养上。高等教育机构及科研院所通过将所学知识运用到制造业实际需要处理的问题上，一方面可以促进教育的发展和知识的进步，另一方面可以提升制造业核心竞争力。

第三，通过管理创新推动企业战略目标的实现。实施管理创新，一方面吸收借鉴国际成功知名企业优秀的管理经验，分析其对前沿知识与方法技术的运用，另一方面，企业需要分析自身内外部资源和环境，对业务流程、工艺流程等管理进行创新与优化。中集集团最初经原国家工商总局批准,更名为"中国国际海运集装箱(集团)股份有限公司",以集团化方式开始运营,实现了从单体到集团模式运营的转型。在集团化运营中,运用全范围一体化形式调配核心战略资源,逐渐达到规模化和集约化同步高度发展,不断巩固和新建长期竞争优势。同时,集团总部经过努力的学习探索,在运营、整合资源、内部协同中发挥了积极作用。

第四,中集集团着力进行技术创新,实现创新型成本领先战略。其建立初期,技术能力比较薄弱,创新行为以引进与模仿创新为主,并不断学习与吸收,增强创新能力。冷藏箱业务的发展是一个引进创新的好案例。集团从德国 Graaff 公司购进关键设备并取得 12 项关键专利授权后,高薪聘请德国专家指导,迅速自主学习与快速吸收,并不断进行创新尝试,把汽车工业技术应用到冷藏箱技术改进上。创新活动提高了生产线的自动化程度和产能,提高了冷藏箱的强度和绝热性。技术创新积累到一定程度后,中集集团开始建立自己的技术创新体系,提升自身自主创新能力。中集集团提出以"构筑高质量专利群,充分发挥知识产权价值",加强知识产权保护,建立和完善知产保护、知产运营、知产维权和侵权防范四位一体的有效运行机制,现已建立两所国家级技术中心,六所省级技术中心,依托强大的研发力量和知识产权保护能力,把领先的技术转化成价值链的竞争优势。

7.1.3 中集集团从效率驱动到创新驱动升级的路径

目前,在创新型国家建设浪潮中,中集集团成本领先战略正在经历转型,向创新型驱动升级。中集集团的效率驱动从以下三条路径推动创新驱动升级。

路径之一是改革劳动者的分配模式,从单一的按劳分配模式转为员工拥有股票认购权的模式。这种改革方式增强了员工对企业的归属感,激励了员工工作的积极性,最大限度地开发了劳动者潜力,不仅提高了劳动者的工作效率,还极大降低了整个企业的人力资源成本。此外,这种改革还有利于全社会的公平,体现企业社会责任。中集集团在 2009 年重启股权激励计划,集团发布通知称将再次启动股权激励计划,其中包括总裁麦伯良在内的 187 名高管和职工,得到了6000万股中集集团股票认购权,约占中集集团总体股本的2.25%。中集集团历来提倡"共同事业,共同发展"的人才理念,这次通过关键人才股权激励计划,促进关键人才与中集事业共同发展。改革劳动者的分配模式是促进企业向创新驱动升级的关键。

路径之二是优化企业运行模式,即由单体企业向集团化企业运行模式的转变。这种模式的转变使企业各个部门融为一体,在具体落实管理者的决策时不会再像以前一样仅以各自部门的利益为出发点,而是会考虑企业集团整体的利益,兼顾其他部门,相互配合。这种集团模式的理论基础实际则是公司利润最大化,一切决策站在企业集团角度整体考虑,降低了各部门之间一些不必要的费用支出,从而降低了总成本。1995年10月中集集团正式以集团化方式开始运作,实现了从单体到集团模式运营的转型。在集团化运营中,运用全范围一体化形式调配核心战略资源,逐渐达到规模化和集约化同步高度发展,不断巩固和新建长期竞争优势。至此,集团总部通过不断探索,在运营管控、资源整合、内部协同中发挥了积极有效的作用。

路径之三是有效分析国内外环境,充分释放自身优势。在不同的发展阶段,中集集团科学合理地分析组织内部资源、能力及国际分工形势,充分发挥自身优势,寻找成本领先战略适宜的驱动因素,制定不同的发展战略模式。中集集团从建设初期到现在,比较好地展示了成本领先战略从资源驱动到效率驱动,再到创新驱动的完整升级过程。每一个阶段,都比较好地匹配了当时的内外部资源和环境,获得战略成功。中集集团在进行自主技术创新的同时,强调已有成本管理经验和管理创新提升运营效率的理念,创新加效率模式为中集集团获得良好的市场效果:2019年,中集集团销售额达858.15亿元的销售额,实现净利润达12.42亿元,总资产达到1721.08亿元。

7.1.4 结论与启示

中集集团的成本领先战略,经历了几个发展阶段,实现了向创新驱动型的升级。中集集团的创新经历了引进模仿创新到自主创新的过程。建设初期,考虑到企业的技术基础和资金实力,其选择低技术壁垒的集装箱业务。在获取成本优势和规模经济优势后,以企业并购、技术并购的方式低成本获取国内外先进技术，并不断学习与吸收，增强创新能力。在技术创新积累到一定程度后，中集集团开始建立自己的自主技术创新体系，并加强知识产权保护，成为行业的技术领导者。这样，中集集团对竞争者形成强大的技术壁垒，以及无法相提并论的规模经济与范围经济优势。在集装箱生产行业，中集集团产品不仅在制造成本上具有明显的持久优势，而且在研发、并购、管理、物流等全部价值链环节上都存在成本优势，同时为市场提供多元化、高质量的产品，形成行业绝对领导地位。

目前，我国部分制造企业在实施成本领先战略过程中存在一些问题。在创新模式上，制造企业重视内部资源改进与能力提升的管理模式，对组织外部创新资源没有足够的重视；一些企业引进了先进的技术创新，但对学习吸收后的自主创新的重视程度与成效不能令人满意；不少制造企业对低成本的认识还存在误区，简单停留在低价低质的初级阶段，也没有形成价值链全过程的低成本认识和执行措施；对低成本创新活动的实现途径仍然局限在技术范畴，在文化、管理等其他范畴或多或少存在不重视的情况。中集集团成本领先战略下的自主创新模式对制造业战略升级有重要理论与实践启示。

第一，成本领先的优势来源不局限于低劳动力成本等生产资源，通过形式多样的创新活动可以在研发、并购、管理、物流等全部价值链环节都实现成本优势。成本领先战略在一定范畴可以实现产品低成本与差异化的有机融合，提高企业核心竞争力。

第二，成本领先战略可以在制造企业实现模式转型升级。中集集团的成本领先战略经历了几个阶段，从资源驱动到效率驱动，再到创新驱动。在国际分工与全球化竞争形势下，传统成本领先制造企业必须重视创新在获取成本领先优势中的重要作用，组织需要开展价值链各环节的创新活动，提升组织自主创新能力。同时，在创新过程中，可以有机结合组织效率提高，协同获取持久成本优势，促使可持续成本领先战略演化升级。

第三，组织自主创新能力提高不能局限在技术范畴，文化、制度、管理、市场等非技术范畴的创新同样重要，甚至能更有效地降低成本。同时，应建立各类创新有效协同机制，充分发挥创新系统效应，树立全面创新的理念，提高组织自主创新能力。

7.2 比亚迪创新型成本领先战略升级演化路径

7.2.1 比亚迪发展背景

比亚迪股份有限公司（以下简称比亚迪）创立于1995年，是一家在香港上市的高新技术民营企业。比亚迪在北京、上海、天津、陕西等省市建有九大生产基地，总面积700万平方米，并在美国、欧洲、日本、韩国等地设有分公司或办事处，现职工总人数近20万。比亚迪拥有IT、汽车及新能源三大产业群。2009年，比亚迪成为世界最大的手机锂电池生产商（李西等，2012）[135]。在中国汽车工业协会发布的2010年轿车生产企业销量排名中位列第6位，并位居国内非合资轿车生产企业第1名。2019年9月1日，"2019中国战略性新兴产业领军企业100强"榜单发布，比亚迪排名第24位。2019年，在激烈的国际竞争中，比亚迪创造了1277.39亿元的销售额，实现净利润达16.14亿元。

7.2.2 比亚迪集团低成本创新路径

自比亚迪集团创立起，其经过四个大的改革发展阶段，从一个小民营企业发展到多项产品产量世界第一，拥有IT、汽车及新能源三大产业群的大型集团，进入了高速扩张阶段。

1. 第一阶段：创立阶段（1995年）

1994年，日本企业放弃镍镉电池市场，王传福敏锐地捕捉到机遇创立了比亚迪，研发生产二次充电OEM市场中的镍镉电池。根据我国劳动力成本低廉和企业拥有资金的实情，比亚迪放弃引入全自动生产线，将生产全流程进行细分拆解，大部分生产流程由人工完成，并进行流程创新，优化流程之间的衔接。同时仔细查找流程与工艺环节导致产品误差的原因，发现主要原因存在于后期零件装配环节，因而加大对此环节的控制。在生产设备等固定资产折旧上,比亚迪的第一条生产线成本为1万余元,折旧成本占比为3%~4%,国际市场一条全自动生产线成本达千万元,其中折旧成本占比为30%~40%[135]。一单位镍镉电池,国际市场成本约4~5美元,而比亚迪的成本约1美元。比亚迪凭借强大的成本优势和市场价格优势,快速进入国际市场,占领市场份额,表现十分抢眼。当年,比亚迪镍镉电池销售量为3000万块。王传福的成本领先战略适合于当时的国情和比亚迪的发展阶段,在这种成本领先战略下,比亚迪得到了长足发展,并奠定了最初的发展实力。

2. 第二阶段:规模、效率成长阶段(1996~2002年)

比亚迪镍镉电池生产过程中,以劳动密集型生产方式,结合流程创新,极大程度降低了生产成本,提高了生产灵活性。这种模式的成功给企业带来极大的信心和效益。由于没有引入全自动生产线,节省了巨额固定资产投资,减轻了流动资金压力,从而可以将资金用于劳动力人力资本培训,提高操作效率和扩大创新来源,提高时间效率,也提高了生产的灵活性,进而推出多种相关产品。1996年,比亚迪成功挤掉三洋,一举成为无绳电话制造大霸的镍镉电池供应商。进而,比亚迪密切分析电池发展新动向,研发锂电池,采取了镍镉电池成功模式,并基于前期技术积累,开始研发生产设备,进一步降低生产成本,使国际市场上锂电子电池的价格由8美元减少到2.5美元,获得绝对的成本竞争优势。2002年,比亚迪已经成为具有日产30万只锂电池和200万只镍镉氢电池生产能力的电池生产商。这一阶段的创新点主要是技术创新。依靠生产环节的分解和创新,比亚迪抓住了自己发展过程中的关键阶段,不仅节省了发展的成本和时间,也在自身创新发展过程中完成了技术的发展和创新。

3. 第三阶段:整合创新阶段(2003~2014年)

经过几年的快速发展和不断改革创新,比亚迪具备了雄厚的研发实力,开始强化与供应商的联系,以进一步保障生产要素的获取与质量,以及能够从材料等方面降低产品成本。比亚迪协同深圳的供应商协作调试外国产品,通过实验了解材料提升的办法和替代材料,从生产要素源头降低原料成本40%。另外,比亚迪对供应商有十分严格的协作要求,在时间响应上达到快捷实效,否则将失去合作机会。这种要求,能够满足比亚迪对下游供应链企业的快速交货，在速度和效能竞争上占有优势。比亚迪竭力进行工艺改革，不断探寻新工艺，且其产品的品相把控也极为使人钦佩。对比其他的制造商，比亚迪更加强调动态把控与全局控制。比亚迪在人力资源和技术水平都达到要求的情况下，继续加大控制成本的力度。在原材料的成本控制上实现了创新和发展。通过介入供应商的产品研发，不仅有利于控制自己的成本，同样有利于整个产业链的优化和升级。可以说，比亚迪通过带动一批技术型产业向着正确的方向前进发展，促进了整个体系的优化升级。

4. 第四阶段：面向未来（2015年至今）

比亚迪集团在制定战略时，已将城市轨道交通业务作为未来重要发展目标。比亚迪在发展进程中，已在新能源行业拥有技术领先和持久成本领先地位。借此，比亚迪集团通过一系列自主技术创新，研发出城市云轨。城市云轨产品在城市交通建设中，能够与新能源汽车很好地形成匹配和协作，一方面促进集团新能源汽车的发展，拓展其市场；另一方面可以减少城市交通的高峰拥堵问题和汽车排放造成的空气污染问题。除此之外，云轨产品研发是基于自身创新技术，具有成本较低、效率较高的优点，这有助于集团成本领先战略的可持续发展。

从2015年起，比亚迪推出的全部车都是双模车。双模车不但供给动力，还能供给双动力，把速度做到极致。在王传福看来，四驱双模车的生命力是极强的，不但在性能上比传统燃油车有了较大提升，而且在速度、油耗和价格上都占有优势。尽管当前价格尚有点高，但比亚迪有一系列的规划来降低成本，使双模车在价格、技术和推出时段等方面都将比竞争对手更占有优势。比亚迪的实践表明，推进行业提升要依靠效率、管理和专业化分工，只有这样，才能多盈利，品牌才能做大，也就是效力最大化才最赚钱。王传福认为，一旦发生技术改革，利用比亚迪的技术整合原有突出的优势。比亚迪正在准备一场技术的变革，利用比亚迪强有力的产业链整合实力，以及对与汽车IT产业相结合的改进创新的新思考，将在下一个技术革命中掌握先机。

7.2.3 比亚迪成功实施低成本创新的驱动因素

比亚迪通过打造自身低成本竞争优势，不断占领产品新兴市场，进行价值缔造，实现行业领先。在上述发展中，比亚迪在价值链管理时，重视持续进行低成本创新，不断获取成本竞争优势。比亚迪低成本创新的驱动因素表现在以下几方面。

1. 低成本创新动机

比亚迪创立初期由于受资金限制无法引入镍镉电池全自动生产线，迫使其产生低成本创新动机，对镍镉电池生成流程进行改造细化，并实现劳动密集型转变。后期，比亚迪根据自身资源能力和现实外部环境分析，不断进行低成本创新，获取持续成本领先优势，提高企业财务盈利能力，同时使产品升级转型，占领新市场。

2. 流程创新

在低成本创新动机下，比亚迪流程创新最大限度地将技术创新与我国当时劳动力比较优势成功结合，获得相对成本优势，迅速占领市场份额。流程创新还可以快速、低成本完成产品多样化。半自动化生产线只需微整，基于产品特征和关键变动，简单训练劳动力即可。可见，快速、灵活的生产流程能够获得弹性化生产的溢出效应。

3. 应用型研发

比亚迪建设初期，根据企业内部资源优势与技术能力层次，将组织创新界定为低成本的应用型研发，并发现产品生产替代材料，既实现了产品的质量提升与升级，也降低了生产成本。

4. 整合创新

经过几年的快速发展和不断改革创新，比亚迪具备了雄厚的研发实力，开始强化与供应商的联系，以进一步保障生产要素的获取与质量，以及能够从材料等方面降低产品成本。事实证明，通过纵向一体化价值链管理，并基于共同利益的低成本创新共享，不仅能创造性满足用户的产品需求，也可以避开国际企业的技术壁垒。

图7-1的模型可以表现出比亚迪低成本创新战略的驱动因素对成本领先

战略的影响。

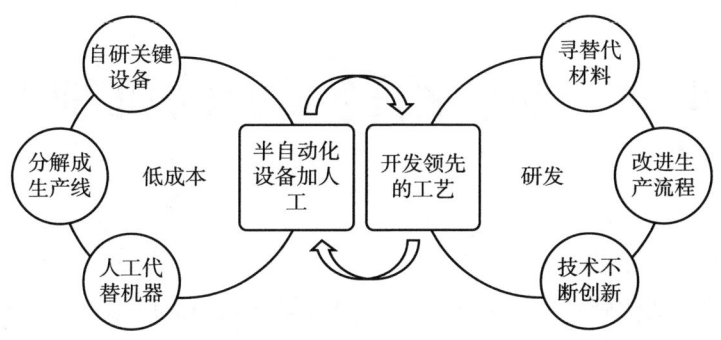

图 7.1 比亚迪低成本创新战略的驱动因素

7.2.4 结论与启示

比亚迪的成功主要来源于低成本创新。建设初期，依靠人工加半自动化配置的形式获取成本的下降，效率和效益的提升；在后期发展过程中，主要是寻求低成本技术上的突破，在降低成本的基础上又获得市场竞争力。比亚迪的低成本创新案例启示企业管理者，成本领先战略制造企业在进行技术创新时，不要盲目急切地进行高投入的突破性技术创新，低成本渐进创新也许是更好的选择。制造企业可以凭借成本优势，开展工艺流程创新、管理创新等低投入创新活动。在逐步扩大市场份额，形成规模优势，获取一定技术积累后，进一步提升组织创新核心能力，促进产品和产业升级，在国际竞争中获取领先地位。

低成本创新显示了强大的市场效应和竞争优势。实际上，低成本创新也是"资源与发展"问题的现实需求。我国制造企业面临的现实情形使得成本领先企业迫切需要探寻成本优势的新来源，探寻企业持续发展的新途径。比亚迪的低成本创新实践可以说提供了一个非常好的借鉴。

第 8 章　演化路径实现的机制设计

本章针对演化路径中的各个阶段，提出促进我国低成本制造企业战略转型的政府政策与企业措施设计。主要通过四个方面来进行论述，分别是：低成本创新策略设计、知识产权低成本维护策略设计、创新与节能减排联动策略设计、促进战略演化升级的产品标准更新升级策略设计。

8.1　低成本创新策略设计

8.1.1　低成本创新的需求

1. 现实需求

"资源与发展"问题要求低成本创新。我国传统资源禀赋优势正在丧失，并且传统生产要素与企业发展的关系正在减弱。在不改变原有产业基础的条件下，成本领先制造企业迫切需要考虑如何进一步降低物流成本、生产交易成本，不断增强专业知识与经验的积累，缩短知识转化为能力的时间。低成本创新成为解决企业"资源与发展"问题，保持企业持续发展的最佳途径。

另外，由于我国劳动要素密集、高技术人力资本匮乏以及技术创新能力低的特征使得大多数企业不能迅速摆脱传统比较优势的发展模式，尤其是大部分中小制造企业和民营企业。这些企业具有低技术特征，一步实现自主创新不现实，低技术特征要求进行低成本创新。

2. 理论支撑

基于专业化学习的内生比较优势理论支持传统低成本战略向创新型低成本演化。内生比较优势建立在斯密的分工理论、熊彼特的创新理论以及波特的竞争优势理论的基础上。分工、创新和竞争通过创新驱动联系在一起，从而形成推动低成本创新形成的理论基础[136]。

8.1.2 低成本创新的途径

蔡瑞林等（2014）认为创新资源形成联发机制，并通过传统管理要素变革，从而积极发挥协调创新效应实现低成本创新[137]。这里，重点讨论低成本属性十分明显的产品设计创新。

1. 积极运用设计创新实现低成本创新

低成本创新具有由低附加值和低利润向高附加值和高利润演化的特征，从而决定了低成本创新的途径也必定具有此特征，由此也决定了低成本创新实现途径的多种多样：可以是设计创新或技术创新；可以是领先性创新、整合创新或者模仿创新；也可以通过专利授权和敏捷性产品开发实现。从理论层面考虑，产品设计自身的低成本属性以及产品设计领域存在诸多能够降低产品创新成本的方法，从创新实践角度分析，低技术制造企业获取收益的主要渠道不是技术，该类企业往往更加关注产品差异化、成本优势和对互补性资产的控制，非技术手段往往成为企业成功的关键。从而，长期的企业创新实践迫使企业在新产品研发中开始加强产品设计环节。鉴于此，新产品研发过程中加强产品设计创新环节已经成为我国低技术制造企业进行低成本创新的重要途径。

2. 设计创新具有低成本属性

设计创新降低产品创新的过程成本，为低成本制造服务。企业之所以对产品精心构思，是因为优秀的设计方案旨在减少产品加工制造时的零部件使用，这样不但直接减少自动化生产时的劳动力成本和资金投入，也使产品达到有限功能。设计与制造的集成本身就是降低生产成本的途径，这主要表现在设计与制造的集成会让新产品开发的知识镶嵌在某种惯例中,从而更容易实现自动化操作,达到降低劳动力成本、返工成本和半成品库存成本。此外,设计创新可以实现企业资源的有效配置,产品研发需要理解产品价格、质量、标准化和公司目标;同时还要理解价格约束、生产成本和企业能力。设计在此过程中起到核心作用,原因是:首先,产品设计需要与市场、财务、研发投入、运营等环节深入合作;其次,产品设计更容易让产品开发标准化,通过设计实现的标准化意味着大量成本的节约。

3. 降低成本的设计创新手段主要有重设计和模块化设计

重设计是重新组合现有的设计方案,完成新产品的开发。重设计能够减少生产成本、缩短产品研发生命周期。重设计整合现有的设计规则,探索能够降低生产或者设计成本的方法,是企业实施低成本设计的有效途径。模块化设计也是低成本设计的最佳方式之一,模块是产品知识的载体,模块化设计就是设计知识的重组,在满足多变市场需求时,高质量模块取代陈旧落后的模块也易于实现。随着研发成本的不断下降,模块化设计缩短了产品研发的周期,表现在企业组装现有的产品模块能以最短的时间完成生产;另外,模块化设计能减少设计风险,大量经过试验、生产和市场验证的模块,可以降低设计风险,提高产品的可靠性和设计质量。

8.2 知识产权低成本维护策略设计

企业创新过程形成的知识产权,特别是进入壁垒比较高的技术创新的知识产权,需要组织加强保护,以保持企业持久优势和长期领先地位。组织需要建立和完善知识保护、运营、维权等系统性机制。同时,企业和政府要合理设计低成本维护政策。

8.2.1 加强低成本维护知识产权运营管理

做好企业知识产权成果的商品化与产业化工作,促使知识产权成果实现向市场经济效益的顺利转化，实现知识产权效益；在知识产权的运营过程中，要灵活运用知识产权壁垒、技术储备、防御商标、联合商标等策略，提高知识产权运营效果，进而实现低成本维护知识产权管理的目标[138]。

8.2.2 建立知识产权维护专职队伍

知识产权维护具有一定的特殊性，需要维护队伍具备一定的专业性，实现专职专人管理[139]。在知识产权维护队伍建设过程中，企业需要挑选懂技术、熟法律、善沟通的综合素质高的人才进行培养，使其成长为知识产权领域的专家型人才。该专职队伍，不只是从事知识产权的日常维护，还需要立足企业战略目标，保障企业科技创新的效率与效益，保障企业成本优势的可持续性。

8.2.3 完善维护制度建设

1. 制定低成本维护知识产权管理办法

企业根据自身的业务范畴及关注的知识产权焦点，制定企业低成本管理办法。管理办法需要符合实际形势要求和企业战略目标，并根据业务变化进行修订[140]-[141]。

2. 制定低成本维护知识产权管理部门的管理制度

企业应制定知识产权管理部门的管理制度，对相关管理工作进行规范和要求，督促和推动低成本维护知识产权管理工作的深入开展。

8.2.4 完善低成本维护知识产权公共政策

政府要充分重视知识产权对于科技创新、经济社会稳定和发展的重要性，并设计出一套良好的知识产权保护的公共政策，提供低成本维护知识产权体系，降低维权者的边际成本。加快知识产权公共服务体系建设，逐步形成企业低成本维护知识产权服务的长效机制。同时，充分发挥行业协会的积极作用，充分调动其在知识产权维护中的咨询、沟通、监督、公正、自律及协调等功能，切实维护企业合法权益，进而实现企业低成本维护知识产权。

另外，建立政府服务评价与激励机制、创造良好的低成本维护知识产权氛围，也可以在一定程度上实现低成本维护知识产权策略。

8.3 创新与节能减排联动策略

技术创新通过提高产品质量，提供低能耗、无污染的新产品降低购买者的消费成本。在产品的开发设计阶段和技术使用时期，充分考虑创新技术和节能减排的联动效应，降低产品消费成本和污染防治成本。节能减排就是节约能源、降低能源消耗、减少污染物排放。我国的自然资源浪费比较严重，资源环境承载能力已接近极限，只有坚持节能减排、清洁生产，才能实现经济的持续发展。

8.3.1 构建科技支撑的节能减排体系

政府和企业首先应建设支撑节能减排的技术中心、研发实验室等科技平台，完善相应技术服务平台。其次，建立节能减排适用技术成果库，加强节能减排公共技术服务队伍建设，为产品生产和消费提供节能减排技术援助。最后，加快推进以企业为主体、市场为导向、产学研相结合的技术创新与推广转化机制建设，大力推进节能减排政策的制定[142]。

8.3.2 节能减排与技术创新激励机制配合

现阶段，制造企业对节能减排的投入力度不强，而对于企业的技术创新和规模扩张投入力度大。这主要是由于在目前环境下，企业投入节能减排的收益不明显，更多的是一种企业社会责任。有些企业研发了良好的节能减排技术，但缺乏行业共享的动力。对于已经拥有成套节能减排成熟技术的行业，政府在推广支持方面，力度也不够[143]。现阶段，企业和政府部门应加大节能减排与技术创新激励机制配合的建设力度。

8.3.3 充分发挥政府在企业节能减排创新中的作用

节能减排创新活动本身具有很大的风险和正外部性特征，因此，很多企业缺乏足够的动力和能力来参与其中。政府应该在政策、资金、技术方面提供有力的支持，建立良好的保障和激励机制，并引导企业积极进行节能减排创新活动[144]。

除此之外，企业需要创新节能减排技术和管理制度，社会要提高公众节能减排的参与意识[145]。

8.4 实现产品标准更新升级策略设计

在产品标准更新换代速度日益加快的今天，企业需要不断进行自主创新提出新的产品标准。产品标准不断地更新升级有助于实现创新型成本领先战略演化升级。据此对政府与企业提出一些建议。

第一，企业要制定贴合实际的产品标准。我国一些中小制造企业，不注重产品标准制定，或者制定的产品标准与企业产品发展不能匹配，造成资源浪费和成本上升，阻碍了企业发展。企业按产品标准组织生产，可以稳定产品质量，实现销售量一定程度的增长，进而获取竞争优势。在此基础上，企业根据产品发展实际需要更新升级产品标准，有助于企业成本领先战略的演化升级。

第二，企业要主动采取国际先进标准。新形势下，国际市场更加开放，竞争更加激烈，产品质量要求更加严格，企业需要提高产品质量以适应新环境，并在国际竞争中取得成功，而采用国际标准与国外先进标准是有效途径之一。企业要优先采取国际先进标准，并严格落实到价值创造活动的全环节，以保障企业产品在竞争市场上的认可度，为产品更新升级做准备，也为企业实现创新型成本领先战略的产品标准更新升级奠定基础[146]。

第三，积极参与产品标准制定。企业影响力在行业中达到一定程度后，要积极参与产品标准制定，提高产业话语权，抢占产业竞争制高点。同时，政府、企业、行业协会联动发力，确保质量、标准、品牌建设环环相扣，铺就产品转型升级新路径，进而带动创新型成本领先战略的演化升级。

附录

企业竞争战略研究调研问卷

尊敬的女士/先生：

您好！感谢您在百忙之中抽时间回答本问卷。

本问卷旨在调查企业竞争战略选择与实施的相关信息。本问卷不涉及公司名称及填写者信息，答案无对错之分，您的回答仅作学术研究之用，您提供的任何信息都将予以严格保密，不会对您个人和公司造成任何影响。

填答问卷约需 15 分钟，对每一个问题，请根据贵公司的实际情况，选择一个最能反映您观点的选项，并在相应的"□"或数字上打"√"，没有正确或错误答案，我们仅关注您自己的理解。非常感谢您的合作与支持！

如果您愿意为我们提供访谈机会，或者期望获得本课题的研究成果，请您能提供以下联系方式，以便我们将本研究成果反馈给您。

您的电子邮箱/联系电话：

第一部分：企业背景信息

1. 您所在公司的性质为：
   □国有企业　　　　□外商独资企业　　□民营企业
   □合资或合作企业　□其他（请注明）

2. 贵公司的所处产业为：
   □食品、饮料　　□纺织、服装、皮毛　　　□木材、家具　　□电子
   □造纸、印刷　　□石油、化学、塑胶、塑料　□医药、生物制品
   □金属、非金属　□机械、设备、仪表　　　　□其他制造业（请注明）

3. 贵公司成立的年数：
   □1 年以下　　□1~5 年　　□6~10 年　　□11~15 年
   □16~20 年　　□21~25 年　□25 年或以上

4. 贵公司现有员工数为_____人。

附录　企业竞争战略研究调研问卷

5. 贵公司所在地域为_____省市。

6. 您在贵公司的职位是：

□高层管理者　　□中层管理者　　□基层管理者　　□一线员工

7. 您在贵公司服务的年限为_____年。

第二部分：企业的竞争战略

根据您所在企业实际对以下竞争方法的重视程度进行打分，请在相应数字上打"√"	1表示最不重视，7表示最重视						
1. 重视有竞争力的价格	1	2	3	4	5	6	7
2. 重视对成本的控制	1	2	3	4	5	6	7
3. 重视对制造过程创新	1	2	3	4	5	6	7
4. 重视企业运营效率	1	2	3	4	5	6	7
5. 重视员工训练学习	1	2	3	4	5	6	7
6. 重视低价原材料获取	1	2	3	4	5	6	7
7. 重视改进现有产品	1	2	3	4	5	6	7
8. 重视产品质量控制	1	2	3	4	5	6	7
9. 重视开拓新产品	1	2	3	4	5	6	7
10. 重视高价细分市场的产品	1	2	3	4	5	6	7
11. 重视企业产品品牌	1	2	3	4	5	6	7
12. 重视广告	1	2	3	4	5	6	7
13. 重视提供独特的产品	1	2	3	4	5	6	7
14. 重视研发与自主创新	1	2	3	4	5	6	7
15. 重视营销技术	1	2	3	4	5	6	7
16. 重视分销渠道的控制	1	2	3	4	5	6	7

第三部分：企业的资源获取表现

根据您所在企业实际对以下企业的资源获取行为的重视程度进行打分，请在相应数字上打"√"	1表示最不重视，7表示最重视						
重视原材料价格	1	2	3	4	5	6	7
重视劳动力成本	1	2	3	4	5	6	7
重视材料运输成本	1	2	3	4	5	6	7
重视能源获取成本	1	2	3	4	5	6	7
强调寻找削减成本的方式	1	2	3	4	5	6	7

第四部分：企业的效率管理表现

根据您所在企业的效率管理表现进行打分，请在相应数字上打"√"	1 表示最小（最慢或程度最低），7 表示最大（最快或程度最高）						
重视科学管理	1	2	3	4	5	6	7
重视过程自动化	1	2	3	4	5	6	7
严格管理一线员工	1	2	3	4	5	6	7
重视运营效率	1	2	3	4	5	6	7
重视生产率改进	1	2	3	4	5	6	7

第五部分：企业的创新行为表现

近三年，与同行业平均水平相比，您对贵公司以下创新行为表现的满意程度，请在相应数字上打"√"	1 表示最不满意，7 表示最满意						
重视工艺创新	1	2	3	4	5	6	7
重视自主创新	1	2	3	4	5	6	7
重视原材料创新	1	2	3	4	5	6	7
重视产品设计	1	2	3	4	5	6	7
重视管理职能创新	1	2	3	4	5	6	7
重视企业制度创新	1	2	3	4	5	6	7
重视商业模式创新	1	2	3	4	5	6	7

问卷到此结束，祝您万事顺意！祝贵公司基业长青！

再次感谢您的大力支持！

参 考 文 献

[1] 迈克尔·波特（陈小悦译）. 竞争战略 [M]. 北京：华夏出版社，2007.

[2] 迈克尔·波特（陈小悦译）. 竞争优势 [M]. 北京：华夏出版社，2007.

[3] Hambrick D C. High Profit Strategies in Mature Capital goods Industries: A Contingency Approach [J]. Academy of Management Journal, 1983, 26 (4): 687 - 707.

[4] Akan Obasi, Allen Richard S., Helms, Marilyn M., Spralls, Samuel A. Critical Tactics for Implementing Porter's Generic Strategies [J]. Journal of Business Strategy, 2006, 27 (1): 43 - 53.

[5] Dess Gregory G, Davis Peter S. Porter's (1980) Generic Strategies As Determinants of Strategic Group Membership and Organizational Performance [J]. Academy of Management Journal, 1984, 27 (9): 467 - 488.

[6] White Roderick E. Generic Business Strategies, Organizational Context and Performance: An Empirical Investigation [J]. Strategic Management Journal, 1986, 7 (3): 217 - 231.

[7] Nayyar Praveen R. On the Measurement of Competitive Strategy: Evidence from a Large Multiproduct U. S. Firm [J]. Academy of Management Journal, 1993, 36 (6): 1652 - 1669.

[8] Allen Richard S, Marilyn M, Samuel A. Critical Tactics for Implementing Porter's Generic Strategies [J]. Journal of Business Strategy, 2006, 27 (1): 43 - 53.

[9] Kim E, Nam D, Stimpert J. Testing the Applicability of Porter's Generic Strategies in the Digital Age: A Study of Korean Cyber Malls [J]. Journal Bussiness Strategy, 2004 (21): 19-45.

[10] Hansen E, Dibrell C, Down J, et al. Market Orientation, Strategy, and Performance in the Primary Forest Industry [J]. Forest Science, 2006, 52 (3): 209-220.

[11] Acquaah M, Yasai-Ardekani M. Does the Implementation of a Combination Competitive Strategy Yield Incremental Performance Benefits? A New Perspective from a Transition Economy in Sub-Saharan Africa [J]. Journal of Business Research, 2008, 61 (4): 346-354.

[12] Haim H, Narentheren K. Do Cost Leadership Strategy and Process Innovation Influence the Performance of Malaysia Hotel Industry? [J]. Asian Social Science, 2014, 10 (10): 134-141.

[13] 毛蕴诗, 欧阳桃花, 魏国政. 中国家电企业的竞争优势 [J]. 管理世界, 2004 (6): 123-133.

[14] 刘睿智, 胥朝阳. 竞争战略、企业绩效与持续竞争优势 [J]. 科研管理, 2008, 29 (6): 36-43.

[15] 张正堂, 张伶, 刘宁. HRM 系统、竞争战略与企业绩效关系的实证研究 [J]. 管理科学学报, 2008, 4 (2): 132-144.

[16] 王宇婷. 中国成本领先企业的创新及升级路径的实证研究 [D]. 南京: 南京航空航天大学硕士学位论文, 2011.

[17] 任娟, 陈圻. 基于竞争战略类型识别的中国制造业上市公司创新效率研究 [J]. 科技管理研究, 2015 (3): 54-58.

[18] 雷辉, 王亚男. 竞争战略对企业绩效滞后性及持续性的影响——以沪市上市公司为例 [J]. 经济与管理研究, 2016, 37 (10): 100-107.

[19] 黄振海, 郑兵云. 基于竞争战略识别的电子设备制造上市公司绩效研究 [J]. 黑龙江工业学院学报 (综合版), 2017, 17 (8): 71-75.

[20] 李钦. 中国上市公司竞争优势的可持续性分析 [J]. 新疆财经大学学报, 2017 (1): 35-43.

[21] Porter M, Teisberg E, Brown G. Innovation: Medicine's Best Cost-cut-

ter [J]. Journal of the Medical Association of the State of Alabama, 1994, 63 (9): 18 – 19.

[22] Reklitis P. Relating Corporate Innovative Behaviour to Porter's Strategies and Organizational Structure: The Case of the Greek Industry [J]. Les Cahiers du Management Technologique, 2001, 11 (1): 67 – 83.

[23] Fuentes M M F, Montes, F. Javier Lloréns, Fernández, Luis M. Molina. Total Quality Management, Strategic Orientation and Organizational Performance: the Case of Spanish Companies [J]. Total Quality Management & Business Excellence, 2006, 17 (3): 303 – 323.

[24] Menguc B., Auh S., Shih E. Transformational Leadership and Market Orientation: Implications for the Implementation of Competitive Strategies and Business Unit Performance [J]. Journal of Business Research, 2007, 60 (4): 314 – 321.

[25] Rodgers Svetlana. Innovation in Food Service Technology and Its Strategic Role [J]. International Journal of Hospitality Management, 2007, 26 (4): 899 – 912.

[26] Banker R D, Mashruwala R, Tripathy A. Does a Differentiation Strategy Lead to More Sustainable Financial Performance than a Cost Leadership Strategy? [J]. Management Decision, 2014, 52 (5): 4 – 10.

[27] Agyapong A, Osei H V, Akomea S Y. Marketing Capability, Competitive Strategies and Performance of Micro and Small Family Businesses in Ghana [J]. Journal of Developmental Entrepreneurship, 2015, 20 (4): 1 – 25.

[28] Nikolaos Konstantopoulos, Panagiotis Trivellas, Panagiotis Reklitis. A Conceptual Framework of Strategy, Structure and Innovative Behaviour for The development of a Dynamic Simulation Model [C]. Computation in Modern Science and Engineering, Proceedings of the International Conference on Computational Methods in Science and Engineering, 2009, 2: 1070 – 1074.

[29] Bayraktar C A, Hancerliogullari G, Cetinguc B, Calisir F. Competitive Strategies, Innovation, and Firm Performance: An Empirical Study in Adeveloping Economy Environment [J]. Technology Analysis & Strategic Management, 2017,

29(1): 38-52.

[30] Tri Murni. The Effect of Entrepreneurial Orientation to Low Cost Strategy, Differentiation Strategy, Sustainable Innovation and Performance of Small and Medium Enterprises [J]. European Journal of Business and Management, 2017, 9 (20): 8-16.

[31] Saeed Samiee, Maria Sääksjärvi, Nükhet Harmancio lu, Erik Jan Hultink. Intentional Cannibalization, Radical Innovation, and Performance: A Comparison of Chinese and Western Enterprises in China [J]. Journal of International Marketing, 2020, 28 (2): 40-58.

[32] Omidi A, Dal Zotto C, Norouzi E, Valero-Pastor, J. M. Media Innovation Strategies for Sustaining Competitive Advantage: Evidence from Music Download Stores in Iran [J]. Sustainability, 2020, 12 (6): 1-17.

[33] Changwei Pang, Qiong Wang, Yuan Li, Guang Duan. Integrative Capability, Business Model Innovation and Performance [J]. European Journal of Innovation Management, 2019, 22 (3): 541-561.

[34] 高玉荣, 尹柳营. 再论低成本领先战略 [J]. 江苏商论, 2005 (1): 67-68.

[35] 黄越, 王培华. 基于成本领先战略的企业成本持续改进分析 [J]. 财会月刊, 2004 (22): 21-22.

[36] 蓝海林, 蒋峦, 谢卫红. 技术创新与企业的战略选择 [J]. 科技进步与对策, 2001 (3): 62-65.

[37] 真才基."创新+低成本制造"是未来中国制造企业的竞争优势 [N]. 通信产业报, 2009年7月13日第013版.

[38] 金碚. 技术创新是成本优势的源头 [EB/OL]. http://www.fibreinfo.com/Html/news/201010/201010986286.html.

[39] Wang Hua. Innovation in Product Architecture-A Study of Chinese Cars Made by Geely and Its Suppliers. Euromed Marseille-Ecole De Management [P]. Working Paper, 2007.

[40] 赵为民, 绕润平. 低成本为王——揭秘纵横全球的盈利模式 [M]. 北京: 世界知识出版社, 2008.

[41] 章钰. 基于技术创新的成本领先战略实施的案例研究 [J]. 企业经济, 2010 (4): 40-42.

[42] 石盛林. 技术创新对成本领先战略的影响机理研究 [D]. 南京: 南京航空航天大学博士学位论文, 2014.

[43] 郭小钰. 基于创新对成本领先战略的探讨 [J]. 价值工程, 2016 (7): 48-50.

[44] 曾鸣, 彼得·威廉姆斯. 龙行天下: 中制造业未来十年新格局 [M]. 北京: 机械工业出版社, 2008.

[45] 田冰, 陈圻. 低成本创新企业核心战略行为研究 [J]. 河南科学, 2012, 30 (4): 503-507.

[46] 林英耀. 民营制造企业成本领先战略的实证研究 [D]. 南京: 南京航空航天大学硕士学位论文, 2013.

[47] 蔡瑞林, 陈万明, 陈圻. 低成本创新驱动制造业高端化的路径研究 [J]. 科学学研究, 2014, 32 (3): 384-399.

[48] 曾繁华, 何启祥, 冯儒, 等. 创新驱动制造业转型升级机理及演化路径研究——基于全球价值链治理视角 [J]. 科技进步与对策, 2015 (24): 45-50.

[49] 崔友洋, 李永发, 赵毅. 商业模式结构特性、市场竞争战略与企业绩效——基于182家医药上市公司的实证研究 [J]. 河海大学学报 (哲学社会科学版), 2019, 21 (5): 67-75.

[50] Barnett, William P, Burgelman, Robert A. Evolutionary Perspectives on Strategy [J]. Strategic Management Journal, 1996, Summer: 5-19.

[51] Stuart Toby E, Podolny Joel M. Local Search and the Evolution of Techno-Logical Capabilities [J]. Strategic Management Journal, 1996, Summer: 21-38.

[52] Karim, Samina, Mitchell, Will. Path-Dependent and Path-Breaking Change: Reconfiguring Business Resources Following Acquisitions in the U.S. Medical Sector, 1978-1995 [J]. Strategic Management Journal, 2000, 21 (10/11): 1061-1081.

[53] Doz, Yves L. The Evolution of Cooperation in Strategic Alliances: Initial Conditions or Learning Processes? [J]. Strategic Management Journal, 1996, Sum-

mer: 55 - 83.

[54] Glenn R. Carroll, Lyda S Bigelow, Marc - David L. Seidel, Lucia B Tsai. The Fates of De Novo and De Alio Producers in the American Automobile Industry 1885 - 1981 [J], Strategic Management Journal, 1996, Summer: 117 - 137.

[55] Helfat, Constance E, Raubitschek, Ruth S. Product Sequencing: Co - Evolution of Knowledge, Capabilities and Products [J]. Strategic Management Journal, 2000, 21 (10/11): 961 - 979.

[56] Daniel, M. G, Raff. Superstores and the Evolution of Firm Capabilities in American Bookselling [J], Strategic Management Journal, 2000, 21 (10/11): 1043 - 1059.

[57] Kathleen M. Eisenhardt, Jeffrey A. Martin. Dynamic Capabilities: What Are They? [J]. Strategic Management Journal, 2000, 21 (10/11): 1105 - 1121.

[58] Jacobides M G, Winter S G. The Co-evolution of Capabilities and Transaction Costs: Explaining the Institutional Structure of Production [J]. Strategic Management Journal, 2005, 26 (5): 395 - 413.

[59] Jeho Lee, et al. An Evolutionary Perspective on Strategic Group Emergence: A Genetic Algorithm-based Model [J]. Strategic Management Journal, 2002, 23 (8): 727 -746.

[60] Justin Tan, David Tan. Environment-strategy Co-evolution and Co-alignment: AStaged Model of Chinese SOEs Under Transition [J]. Strategic Management Journal, 2005, 26 (2): 141 - 157.

[61] Nicolaj Siggelkow. Evolution toward Fit [J]. Administrative Science Quarterly, 2002, 47 (1): 125 -159.

[62] 钱辉, 项保华. 企业演化观的理论基础与研究假设 [J]. 自然辩证法通讯, 2006 (3): 46 - 50, 11.

[63] 韵江, 刘立. 创新变迁与能力演化: 企业自主创新战略 [J]. 管理世界, 2006 (12): 115 - 130.

[64] 李垣, 陈浩然, 谢恩. 战略管理研究现状与未来我国研究重要领域 [J]. 管理工程学报, 2007 (1): 1 - 5.

[65] Jeffrey P. Shay and Frank T. Rothaermel. Dynamic Competitive Strategy:

Towards a Multi-perspective Conceptual Framework [J]. Long Range Planning, 1999, 32 (6): 559-572.

[66] Motamedi, Kurt. Transnational Trans Organization Systems: Evolution and Implications for Competitive Strategy [J]. Competition Forum, 2006, 4 (1).

[67] Wilson Weber & Edison Fernandes. Evolution of Generic Competitive Strategies and the Importance of Michael E. Porter [J]. Revista de Gest USP, SPaulo, 2010, 17 (1): 99-117.

[68] 龚奇峰. 从多元化到成本领先：基本战略演进的逻辑 [J]. 经济研究, 2001, 5: 83-91.

[69] 刘刚, 李峰. 跨国公司在华竞争战略演变驱动力及实现路径 [J]. 中国工业经济, 2008, 6: 99-97.

[70] 王雷. 长三角本土代工企业竞争战略演变驱动力及实现路径——基于全球价值链的视角 [J]. 中央财经大学学报, 2009, 11: 91-96.

[71] 石盛林, 陈圻. 江苏民营制造企业竞争战略演化中组织资源的影响 [J]. 华东经济管理, 2010, 11: 14-20.

[72] 陈圻, 陈佳. Palepu 假设的 Nash 均衡检验 [J]. 系统工程理论与实践, 2015, 35 (8): 1956-1967.

[73] 陈圻, 陈佳. 效用不对称假设下通用竞争战略约束优化建模——Palepu 假设的解析验证 [J]. 管理科学学报, 2020, 23 (1): 96-112.

[74] 林芳强, 鄂海涛, 陈圻. 基于财务视角的企业竞争战略识别与检验——以华东地区汽车行业上市公司为例 [J]. 华东经济管理, 2017, 31 (2): 78-88.

[75] 陈圻, 林芳强. 基于竞争战略选择的企业创新投入与产量决策动态博弈模型 [J]. 管理工程学报, 2019, 33 (4): 193-204.

[76] 郑兵云. 我国制造企业竞争战略对企业绩效的影响机制研究 [D]. 南京：南京航空航天大学博士学位论文, 2011.

[77] 佚名. 影响竞争力的因素 [EB/OL]. http://www.docin.com/p-209209503.html.

[78] 许照成, 侯经川. 创新投入、竞争战略与企业绩效水平 [J]. 科技进步与对策, 2019 (9): 56-78.

[79] 潘玉迅. 泰尔盾公司成本领先战略的研究 [D]. 苏州大学硕士学位论文, 2009.

[80] 翁君奕. 多变环境下的业务战略 [J]. 中国工业经济, 2009 (3): 92-101.

[81] 陈圻, 任娟. 创新型低成本战略的科学研究纲领方法论基础 [J]. 科学学研究, 2011, 29 (3): 349-358.

[82] 林英耀, 王宇婷, 陈圻. 创新型低成本战略模式辨析 [J]. 价值工程, 2010 (32): 2-3.

[83] Damanpour, F. Organizational Innovation: A Meta-analysis of Effects of Determinants and Moderators [J]. Academy of Management Journal, 1991, 34 (3): 555-590.

[84] 王雁飞, 朱瑜. 组织创新、组织学习与绩效——一个调节效应模型的实证分析 [J]. 管理学报, 2009, 6 (9): 1257-1265, 1273.

[85] 石盛林, 陈圻. 竞争战略演化技术创新的影响——以江苏民营制造企业为例 [J]. 技术经济与管理研究, 2011 (11): 117-120.

[86] 王赋. 技术创新与成本优势 [J]. 中国经济问题, 2001 (5): 8-14.

[87] 甄丽明, 唐清泉. 技术引进对企业绩效的影响及其中介因素的研究——基于中国上市公司的实证检验 [J]. 管理评论, 2010, 22 (9): 14-23.

[88] 徐欣. 技术升级投资与产品成本优势效应的实证研究 [J]. 科研管理, 2013, 34 (8): 83-90.

[89] 陈圻. 低成本创新的 stackelberg 模型 [J]. 科研管理, 2011, 32 (9): 9-19.

[90] Veganti R. Design as Brokering of Languages: Innovation Strategies in Italian Firms [J]. Design Management Journal, 2003, 13 (3): 34-42.

[91] Snow C. C., Hambrick D. C. Measuring Organizational Strategies: Some Theoretical and Methodological Problems [J]. Academy of Management Review, 1980, 5 (4): 527-538.

[92] Hambrick D. C., Operationalizing the Concept of Business-level Strategy in Research [J]. Academy of Management Review, 1980, 5 (4): 567-575.

[93] Venkatraman N. Srategic Orientation of Business Enterprises: The Construct, Dimensionality, and Measurement [J], Management Science, 1989, 35 (8): 133 – 143.

[94] 李钦. 竞争战略的测量方法及其应用 [J]. 工业技术经济, 2013 (7): 17 – 24.

[95] 罗辉道, 项保华. 行业结构、战略资源与企业业绩的关系 [J]. 山西财经大学学报, 2004 (1): 43 – 45.

[96] 蔺雷, 吴贵生. 我国制造企业服务增强差异化机制的实证研究 [J]. 管理世界, 2007 (6): 103 – 113.

[97] 徐岚, 汪涛, 姚新国. 中国企业产品创新战略执行的路径: 基于转轨经济条件的研究 [J]. 管理世界, 2007 (9): 85 – 98.

[98] 刘雪锋. 网络嵌入性与差异化战略及企业绩效关系研究 [D]. 杭州: 浙江大学博士学位论文, 2007.

[99] 徐松屹. 制造类企业资源与竞争战略匹配关系研究 [D]. 杭州: 浙江大学博士学位论文, 2007.

[100] Li B. X., Li J. J. Achieving Superior Financial Performance in China: Differentiation, Cost Leadership or Both? [J]. Journal of International Marketing, 2008, 16 (3): 1 – 22.

[101] Gao G. Y., Murray J. Y, Kotabe M., Lu J. Y. A Strategy Tripod Perspective on Export Behavior: Evidence from Domestic and Foreign Firms Based in an Emerging Economy [J]. Journal of International Business Studies, 2010, 41 (3): 377 – 396.

[102] 张婧, 祁超. 出口企业竞争战略对产品创新的影响: 以市场导向为中介变量 [J]. 管理评论, 2011, 23 (7): 53 – 61.

[103] 郑兵云, 李邃. 竞争战略、创新选择与企业绩效 [J]. 科研管理, 2011, 32 (04): 59 – 68.

[104] Qi Y. N., Zhao X. D., Sheu C. The Impact of Competitive Strategy and Supply Chain Strategy on Business Performance: The Role of Environmental Uncertainty [J]. Decision Sciences, 2011, 42 (2): 371 – 389.

[105] 任娟, 陈圻. 竞争战略、技术效率与公司绩效——来自中国制造

业上市公司的经验证据 [J]. 经济经纬, 2012 (5): 73-76.

[106] 任娟. 竞争战略识别方法及其应用研究 [D]. 南京: 南京航空航天大学博士学位论文, 2012.

[107] 黄振海. 电子制造业上市公司竞争战略对企业绩效的时滞效应研究 [D]. 蚌埠: 安徽财经大学硕士学位论文, 2018.

[108] 吴少华, 秦畅. 军工企业竞争战略对技术创新的影响 [J]. 科技进步与对策, 2020, 37 (1): 127-133.

[109] Palepu K G, Healy P M. Business Analysis and Valuation: Using Financial Statements [M]. Mason: Cengage Learning, 2013.

[110] Little P L, Little Beverly L, Coffee D. The DuPont model: Evaluating Alternative Strategies in the Retail Industry [J]. Academy of Strategic Management Journal, 2009, 8: 71-80.

[111] Little P, Mortimer J W, Keene Marvin A, et al. Evaluating the Effect of Recession on Retail firms' Strategy Using DuPont Method: 2006-2009 [J]. Journal of Finance and Accountancy, 2011, 72 (4): 22-26.

[112] Ying C T, Fen M L. Does Firm Performance Reveal its Own Causes? The Role of Bayesian Inference [J]. Strategic Management Journal, 2010, (31): 39-57.

[113] Nicola M, Shadbolt T. Competitive Strategy Analysis of NZ Pastoral Farming Systems [J]. 18th International Farm Management Congress Methven, Canterbury, New Zealand, 2011 (3): 122-132.

[114] 林芳强. 基于财务分析视角的公司竞争战略模式识别与影响机制研究 [D]. 南京: 南京航空航天大学博士学位论文, 2016.

[115] White R E. Generic Business Strategies, Organizational Context and Performance: An Empirical Investigation [J]. Strategic Management Journal, 1986, 7 (3): 217-231.

[116] Zeithaml C P, Fry L W. Contextual and Strategic Differences among Mature Business in Four Dynamic Performance Situations [J]. Academy of Management Journal, 1984, 27 (4): 841-860.

[117] Hambrick D., MacMillan I., Day D. Strategic Attributes and Perform-

ance in the BCG Matrix – a PIMS – Based Analysis of Industrial Product Businesses [J]. Academy of Management Journal, 1982, 25 (3): 510 –531.

[118] Ketchen D. J., et al. Organizational Configurations and Performance: A Comparison of Theoretical Approaches [J]. Academy of Management Journal, 1993, 36 (6): 1278 –1313.

[119] Ketchen D. J., et al. Organizational Configurations and Performance: A Meta Analysis [J]. Academy of Management Journal, 1997, 40 (1): 223 –240.

[120] Allen R. S., Helms M. M., Takeda M. B., White C. S. Porter's Generic Strategies: An Exploratory Study of Their Use in Japan [J]. Journal of Business Strategies, 2007, 24 (1): 69 –89.

[121] 王重鸣. 心理学研究方法（第1版）[M]. 北京：人民教育出版社, 1990.

[122] Dunn S. C., Seaker R, F., Waller M. A. Latent Variable in Business Logistics Research: Scale Development and Validation [J]. Journal of Business Logisties, 1994, 15 (2): 145 –172.

[123] 吴增源. IT能力对企业绩效的影响机制研究 [D]. 杭州：浙江大学博士学位论文, 2007.

[124] 李岳龙, 赵红, 孙键. 从客户视角研究微型付款模式对企业绩效的影响 [J]. 数学的实践与认识, 2011, 41 (18): 85 –9341.

[125] Fowler E. J. Survey Researeh Methods [M]. Newbury Park, CA: Sage, 1988.

[126] 程鹏. 外部环境与组织柔性对企业创新模式选择的影响研究 [D]. 杭州：浙江大学博士学位论文, 2007.

[127] 俞枫. 以动态能力为中介的信息技术驱动的企业战略转型研究 [D]. 上海：同济大学博士学位论文, 2008.

[128] 郑兵云, 陈圻, 李邃. 差异化战略对企业绩效的影响研究——基于创新的中介视角 [J]. 科学学研究, 2011, 29 (9): 1406 –1414.

[129] 黄希. 我国制造业技术创新中存在的问题分析 [J]. 知识经济, 2016 (2): 110 –110.

[130] 李凌. "效率驱动"是"创新驱动"的前奏 [N]. 社会科学报,

2013.10.24

[131] Tyagi R K. Cost Leadership and Pricing [J]. Economics Letters, 2001, 72 (2): 189-193.

[132] 芮明杰, 李想. 差异化、成本领先和价值创新——企业竞争优势的一个经济学解释 [J]. 财经问题研究, 2007 (1): 38-44.

[133] 陈圻, 任娟. Dupont - Nash 从业战略识别准则和 Palepu - Little 假设检验 [J]. 管理工程学报, 2016, 30 (4): 135-144.

[134] 郑刚, 何郁冰, 陈劲, 陶婷婷, 蒋键. "中国制造"如何通过开放式自主创新提升国际竞争力 [J]. 科研管理, 2008 (4): 95-102.

[135] 李西, 胡冰洁. 低成本创新战略——以比亚迪股份公司电池产业为例 [J]. 科技管理研究, 2012, 32 (6): 7-9, 15.

[136] 陈国栋, 陈圻. 低成本创新的形成与创新途径选择 [J]. 自然辩证法研究, 2013, 29 (3): 36-41.

[137] 蔡瑞林, 陈圻, 陈万明. 基于纵向案例扎根分析的低成本创新实现路径研究 [J]. 科学学与科学技术管理, 2014, 35 (50): 120-129.

[138] 冯志军, 康鑫, 陈伟. 知识产权管理、产业升级与绿色经济增长——以产业转型升级期的广东为例 [J]. 中国科技论坛, 2016 (1): 118-123.

[139] 李云. 抓住重要环节 采取有效措施 实施知识产权的高效管理 [J]. 舰船科学技术, 2007 (2): 25-29.

[140] 《创新时代》编辑部. 国家知识产权局出台新政支持小微企业创新发展 [J]. 创新时代, 2014 (11): 5-9.

[141] 国家知识产权局. 关于知识产权支持小微企业发展的若干意见 [EB/OL]. http://blog.sina.com.cn/s/blog_131f102f70102vdzi.html.

[142] 陈莉. 节能减排政策与合肥科技创新环境分析 [J]. 技术经济与管理研究, 2010 (6): 44-48.

[143] 江波. 广东节能减排公共政策设计理念变革与实现机制创新 [J]. 华南师范大学学报 (社会科学版), 2009 (6): 97-101.

[144] 金桂荣. 提升我国中小企业节能减排效率的创新驱动研究 [J]. 科学管理研究, 2014 (3): 89-92.

[145] 林艳. 我国节能减排政策的优化策略研究 [J]. 理论月刊, 2016 (3): 162-167, 188.

[146] 肖应荣. 基于产品标准引领的小微企业转型升级 [J]. 企业改革与管理, 2015 (1): 12-12.